Sporo kuhanje 2023

Otkrijte umijeće kuhanja u slow cookeru s ovim nevjerojatnim receptima

Karla Vlahović

Sadržaj

Chili Mac *10*
Svinjski čili s povrćem *12*
jugozapadni Čile *13*
pečenica čili *15*
Čili s rajasom *16*
Habañero papar *18*
Čili Rio Grande *19*
Teksaški ljuti čili *21*
talijanski čili *23*
Mesquite pileći čili *25*
Poblano chili govedina *26*
Chili Light Tortilja *27*
tortilja čips *28*
Texas Two Step Chili *29*
čili tacosi *30*
Pečeni tortilja čips *31*
čili grem *32*
čili krtica *34*
guacamole *35*
Zeleni čili *36*
Cilantro čili kiselo vrhnje *37*
meksička kobasica *38*
Meksički chorizochili *39*
Sir i bijeli čile s crvenim umakom od rajčice *40*
crveni paradajz sos *42*
ranč čili *43*

Žuta tikva i čili od graha Cannellini 45
Mediteranski čili 47
Čili s grahom 49
Čili od crnog i bijelog graha 50
Chili s grahom i pivom 52
Začinjeni čili od graha s fusillima 53
Čili od leće sa slaninom i pivom 55
Čili od povrća i leće 57
Vegetarijanski čili od crnog i bijelog graha 58
Čili grah i kukuruz šećerac 59
čili bez mesa 60
omlet od čilija 62
Chipotle od slatkog krumpira 64
Ají de Artemisa sa svježim rajčicama 65
Crni grah, riža i kukuruzni čili 66
čili umak 67
karipski čili 68
Umak od manga 70
Pečena govedina s fettuccinom 71
Pečena govedina umak od hrena 73
Sauerbraten 75
Pecite u loncu 77
prženje kave 78
Govedina Bourguignon 79
prsa na žaru 81
sendviči s mesom na žaru 82
sezona rub 83

Odrezak s bokom punjen gljivama 84
Pileća prsa u pivu 85
Goveđi flan punjen povrćem 87
goveđi kotlet 89
Rolada 91
Talijanska Rolada 92
Rolada na grčki način 93
Varivo od rebara 94
Začinjena junetina s hrenom 95
obična mesna štruca 97
Talijanska mesna okruglica 99
Slana mesna štruca sa sirom 101
Štruca od mljevenog mesa sa ajvarom i kikirikijem 103
Umak od jaja i limuna 105
Mesna štruca od limuna s umakom od limuna i jaja 106
slatki i kiseli kruh od šunke 108
Lagano meso s vinom i povrćem 110
Punjeni listovi kupusa 111
Firentinske mesne okruglice 113
Rigatoni s mesnim okruglicama od patlidžana 115
ćufte od patlidžana 116
Kozice s artičokama i paprikom 118
Varivo od škampa i bamije 119
Kreolski škampi sa šunkom 120
Cajun škampi, slatki kukuruz i grah 122
Gumbo od kozica i kobasica 124
Tjestenina sa svježim rajčicama i umakom od začinskog bilja .. 125

Rižoto od zimnice 126
Rižoto od vrganja 127
Rižoto od brokule i pinjola 129
Risi Bisi 130
Ljetni rižoto od povrća 131
Pita od jaja s gljivama i bosiljkom 132
Pečeno povrće na roštilju 134
lazanje na zalihi 136
Salata od tjestenine s patlidžanom 137
Tjestenina od povrća sa začinima 138
Welsh Rarebit 140
Varivo od makarona i rajčice 141
Penne s četiri sira 142
Varivo od povrća za sve sezone 143
čili sa stavom 145
Miješano povrće s Cobbler Chili preljevom 147
Voćnjak 149
Pšenične bobice s lećom 150
slatke i kisele tikve s krumpirom 151
Šumske gljive s Cannellinijem 153
Varivo od povrća s bugarskom 155
Leća od češnjaka s povrćem 157
Leća sa začinjenim kus-kusom 159
začinjeni kus-kus 160
Varivo od crnog graha i povrća 161
Varivo od graha i bundeve 163
Kremasti grah i žitarice sa špinatom 164

Varivo od slatkog graha *165*
Lonac s crnim grahom i špinatom *166*
Slatko, ljuto i začinjeno povrće i grah *168*
Zimski grah s korijenom *170*
Začinjeni tofu s povrćem *172*
Varivo od patlidžana, paprike i bamije *173*
Talijanski tortelini od povrća sa sirom *175*
Slanutak za Kolumbijca *176*
Argentinsko povrće *178*
Varivo od makarona i graha *180*
Slanutak s pečenom paprikom i kremastom palentom *181*
Ratatouille s masnim aiolima *183*
feta sir aioli *184*
Bamija s curryjem i kukuruz šećerac s kus-kusom *185*
povrće tagine *186*
Španjolski tofu *188*
Miješano povrće sa kus-kusom *190*
Afrički gulaš od slatkog krumpira *192*
začinska pasta od češnjaka *193*
povrće stroganoff *194*
Ragu od kupusa s kraljevskim pire krumpirom *195*
Gulaš od bundeve i krumpira *197*
Javorova zobena kaša V *199*
Višezrnate žitarice za doručak *200*
gusta kaša od jabuka *201*
Artičoke s lažnim holandskim umakom *202*
Simulirani holandski umak *203*

Talijanske šparoge i bijeli grah *204*
Grah na grčki način *205*
Orijentalni francuski grah *206*
Francuski varivo od graha *207*
Vrhunski zeleni grah *208*
Pečeni grah Santa Fe *209*
toskanska pita od graha *210*
Brazilsko pečenje od crnog graha *211*
Zapečeni grah s đumbirom *212*
Dijon repa *214*
Cikla s medom *215*
Prokulice i mladi luk glazirati šećerom *216*
Pirjani kupus u vinu *217*
kajmak od kupusa *218*
Pire od mrkve s đumbirom *219*
Pire od cvjetače i komorača *220*

Chili Mac

Ovaj čili ne treba druge priloge, što ga čini nevjerojatno jednostavnim obrokom samim po sebi.

Za 8 porcija

450 g / 1 funta nemasne mljevene govedine
ulje, za podmazivanje
2 kosana luka
1 zelena paprika, nasjeckana
2 češnja češnjaka nasjeckana
1-2 žlice čilija u prahu ili po ukusu
2 žličice mljevenog kumina
2 žličice sušenog origana
2 konzerve nasjeckanih rajčica od 400 g / 14 oz
400 g / 14 oz konzerve graha, ocijeđenog i ispranog
175 g / 6 oz pirea od rajčice
175 ml / 6 tečnih oz piva ili vode
1 žlica svijetlo smeđeg šećera
1 žlica kakaa u prahu
sol i svježe mljeveni crni papar po ukusu
200 g kuhanih laktanih makarona
50 g ribanog cheddar sira

2 mlada luka, narezana na ploške
120 ml kiselog vrhnja

Kuhajte mljevenu govedinu u velikoj, lagano nauljenoj tavi na srednjoj vatri dok govedina ne porumeni, oko 10 minuta, razbijajući je vilicom. Meso i preostale sastojke osim soli, papra, makarona, sira, mladog luka i kiselog vrhnja pomiješajte u laganom kuhalu. Poklopite i kuhajte na laganoj vatri 6 do 8 sati. Uključite sporo kuhalo na najjaču, dodajte makarone i 120 ml / 4 fl oz vode i kuhajte 15 minuta. Posolite i popaprite. Svaku zdjelicu čilija pospite sirom, vlascem i kiselim vrhnjem.

Svinjski čili s povrćem

Lisnato povrće daje hranjivost i boju ovom ukusnom čiliju.

Za 8 porcija

700 g/1½ lb nemasne mljevene svinjetine
2 konzerve graha od 400 g / 14 oz, ocijeđenog i ispranog
2 konzerve nasjeckanih rajčica od 400 g / 14 oz
1 kosani luk
½ žličice mljevenog cimeta
½ žličice mljevenog kumina
½ – 1 žličica nasjeckanih papričica
225 g / 8 oz kelja ili špinata, grubo nasjeckanog
sol i svježe mljeveni crni papar po ukusu

Kuhajte svinjetinu u velikoj, lagano nauljenoj tavi dok ne porumeni, oko 10 minuta, razbijajući vilicom. Pomiješajte svinjetinu i preostale sastojke, osim kelja, sol i papar, u laganom kuhalu. Poklopite i kuhajte na laganoj vatri 6 do 8 sati, dodajući kelj tijekom zadnjih 20 minuta. Posolite i popaprite.

jugozapadni Čile

Ako nemate jalapeno papričicu, neka druga ljuta vrsta čilija je sasvim u redu.

Za 8 porcija

450 g / 1 funta nemasne mljevene govedine
ulje, za podmazivanje
2 kosana luka
1 zelena paprika, nasjeckana
2 češnja češnjaka nasjeckana
1 jalapeño papričica, sitno nasjeckana
1-2 žlice čilija u prahu ili po ukusu
2 žličice mljevenog kumina
2 žličice sušenog origana
2 konzerve nasjeckanih rajčica od 400 g / 14 oz
400 g / 14 oz limenke crnog ili pinto graha, ocijeđenog i ispranog
175 g / 6 oz pirea od rajčice
175 ml / 6 tečnih oz piva ili vode
1 žlica svijetlo smeđeg šećera

1 žlica kakaa u prahu
sol i svježe mljeveni crni papar po ukusu
50 g ribanog cheddar sira
2 mlada luka, narezana na ploške
120 ml kiselog vrhnja
nasjeckani svježi korijander, za ukrašavanje

Kuhajte mljevenu govedinu u velikoj, lagano nauljenoj tavi na srednjoj vatri dok govedina ne porumeni, oko 10 minuta, razbijajući je vilicom. Pomiješajte govedinu i preostale sastojke, osim soli, papra, sira, vlasca i kiselog vrhnja, u laganom kuhalu. Poklopite i kuhajte na laganoj vatri 6 do 8 sati. Posolite i popaprite. Svaku zdjelu čilija pospite sirom, zelenim lukom, kiselim vrhnjem i malo cilantra.

pečenica čili

Ovaj super lagani čili sadrži nemasnu, mekanu svinjetinu i svježe rajčice. Ako više volite manje vruće, preskočite čili u prahu i koristite samo svježi čili.

za 4 osobe

1 funta / 450 g svinjskog filea, narezanog na kockice (1 cm / ½ inča)
400 ml / 14 fl oz goveđe juhe
400 g / 14 oz limenke pinto graha, ocijeđenog i ispranog
450 g / 1 lb narezanih šljiva ili zrelih rajčica
2 jalapeñosa ili drugog srednje ljutog čilija, sitno nasjeckanog
1 žlica čilija u prahu (po želji)
1 žličica pečenih sjemenki kumina
1 žličica Worcestershire umaka
sol i svježe mljeveni crni papar po ukusu

Pomiješajte sve sastojke osim soli i papra u laganoj posudi. Poklopite i kuhajte na visokoj temperaturi 4 do 6 sati. Posolite i popaprite.

Čili s rajasom

Neki tvrde da je raja mirchi paprika najljuća na svijetu!

Za 8 porcija

2 luka
700 g / 1½ lb nemasne mljevene govedine
2 konzerve graha od 400 g / 14 oz, ocijeđenog i ispranog
2 konzerve nasjeckanih rajčica od 400 g / 14 oz
½ žličice mljevenog kumina
1-2 žlice čilija u prahu
½ – 1 žličica nasjeckanih papričica
2 poblano paprike, tanko narezane
1-2 žlice maslinovog ulja
sol i svježe mljeveni crni papar po ukusu

Luk sitno nasjeckajte. Kuhajte govedinu u velikoj, lagano nauljenoj tavi dok ne porumeni, oko 10 minuta, razbijajući vilicom. Pomiješajte s ostalim sastojcima, osim ulja, soli, papra, čilija i ostatka luka, u sporom kuhalu. Poklopite i kuhajte na laganoj vatri 6 do 8 sati. Preostali luk sitno nasjeckajte. Pecite čili na maslinovom ulju u tavi na srednje jakoj vatri dok ne omekša i luk se karamelizira, 15-20 minuta. Mješavinu mesa začinite solju i paprom po ukusu, a mješavinu čilija solju. Prelijte smjesu mesa smjesom čilija.

Habañero papar

Zamijenite jalapeño paprom ako više volite blaži okus.

za 4 osobe

100 g / 4 oz svinjskih kobasica, bez ovitka
ulje, za podmazivanje
400g / 14oz limenke nasjeckane rajčice
400 g / 14 oz prženih mahuna
1 veliki luk, nasjeckan
1 srednja zelena paprika, nasjeckana
¼ – ½ habanera ili druge ljute papričice, nasjeckane
1 žlica čilija u prahu
1 žličica mljevenog kima
soli po ukusu
250 ml / 8 fl oz kiselog vrhnja

Kuhajte kobasicu u maloj, lagano podmazanoj tavi dok ne porumeni, oko 5 minuta, razbijajući je vilicom. Pomiješajte kobasicu i preostale sastojke, osim soli i kiselog vrhnja, u laganom kuhalu. Poklopite i kuhajte na laganoj vatri 4 do 5 sati. Posolite. Poslužite s kiselim vrhnjem.

Čili Rio Grande

Puno luka i kombinacija mljevenog mesa i kockica daju ovom čiliju puno okusa i teksture.

za 12 osoba

450 g / 1 funta nemasne mljevene govedine
900 g nemasne svinjetine narezane na kockice (2 cm / ¾ inča)
400 ml / 14 fl oz goveđe juhe
2 konzerve graha od 400 g / 14 oz, ocijeđenih i ispranih
2 konzerve nasjeckanih rajčica od 400 g / 14 oz
350 ml / 12 fl oz piva ili soka od rajčice
100 g / 4 oz zelenih čilija iz konzerve, nasjeckanih
8 nasjeckanih glavica luka
6 režnjeva češnjaka nasjeckanih
25 g / 1 oz čilija u prahu (po izboru)
1 žlica mljevenog kumina
2 žličice sušenog origana
sol i svježe mljeveni crni papar po ukusu
1½ količine kiselog vrhnja od čilija i korijandera

Kuhajte mljevenu govedinu u velikoj, lagano nauljenoj tavi na srednjoj vatri dok ne porumeni, razbijajući je vilicom. Pomiješajte govedinu i preostale sastojke, osim soli, papra i kiselog vrhnja od cilantro čilija, u loncu za sporo kuhanje od 5,5 litara / 9½ pinta. Poklopite i kuhajte na laganoj vatri 6 do 8 sati. Posolite i popaprite. Poslužite s malo vrhnja od čilija i korijandera.

Teksaški ljuti čili

Pikantna kobasica, ljute papričice i mnoštvo začina čine ovaj čili tako dobrim.

Za 8 porcija

350 g / 12 oz pikantne svinjske kobasice, bez ovitka
700 g / 1½ lb nemasne govedine, grubo nasjeckane
400 g / 14 oz limenke nasjeckane rajčice
400 ml / 14 fl oz goveđe juhe
400 g / 14 oz umaka od rajčice iz limenke
400 g / 14 oz konzerve graha, ocijeđenog i ispranog
400 g / 14 oz slanutka, ocijeđenog i ispranog
100 g nasjeckanih zelenih čilija iz limenke, s tekućinom
1 veliki luk, nasjeckan
1 srednja ili jalapeno papričica, sitno nasjeckana
2 žlice čilija u prahu
½ žličice mljevenog kumina
½ žličice korijandera
1 žlica Worcestershire umaka s niskim sadržajem natrija
sol i kajenski papar po ukusu
Tabasco umak, po ukusu

Kuhajte kobasice i mljevenu govedinu u velikoj, lagano nauljenoj tavi na srednjoj vatri dok ne porumene, oko 10 minuta, razbijajući ih vilicom. Pomiješajte govedinu i preostale sastojke, osim soli, kajenskog papra i tabasco umaka, u loncu za sporo kuhanje od 5,5 litara / 9½ pinta. Poklopite i kuhajte na laganoj vatri 6 do 8 sati. Začinite solju, kajenskim paprom i tabasco umakom.

talijanski čili

Ljuti feferoni izvrstan su dodatak svinjetini i govedini.

Za 8 porcija

350 g / 12 oz pikantne svinjske kobasice, bez ovitka
600 g / 1 lb 6 oz nemasne mljevene govedine
100g / 4oz narezanih feferona
400g / 14oz limenke nasjeckane rajčice
400 ml / 14 fl oz goveđe juhe
400 g / 14 oz umaka od rajčice iz limenke
400 g / 14 oz konzerve graha, ocijeđenog i ispranog
400 g / 14 oz slanutka, ocijeđenog i ispranog
1 veliki luk, nasjeckan
2 žlice čilija u prahu
1–1½ žličice suhih talijanskih začina
1 žlica Worcestershire umaka
soli po ukusu
kajenski papar, po ukusu
Tabasco umak, po ukusu

Kuhajte kobasice i mljevenu govedinu u velikoj, lagano nauljenoj tavi na srednjoj vatri dok ne porumene, oko 10 minuta, razbijajući ih vilicom. Pomiješajte govedinu i preostale sastojke, osim soli, kajenskog papra i tabasco umaka, u loncu za sporo kuhanje od 5,5 litara / 9½ pinta. Poklopite i kuhajte na laganoj vatri 6 do 8 sati. Začinite solju, kajenskim paprom i tabasco umakom.

Mesquite pileći čili

Ovo drugačije i ukusno tex-mex jelo svidjet će se avanturistima!

za 4 osobe

350 g / 12 oz fileta pilećih prsa bez kože, narezanih na kockice
2 konzerve nasjeckanih rajčica od 400 g / 14 oz
400 g / 14 oz konzerve graha, ocijeđenog i ispranog
225 g / 8 oz rajčica, grubo nasjeckanih
2 sitno nasjeckana luka
1 poblano paprika, sitno nasjeckana
2 žlice čilija u prahu
2 žličice sitno nasjeckanog češnjaka
1 žličica arome mesquite dima
sol i svježe mljeveni crni papar po ukusu

Pomiješajte sve sastojke osim soli i papra u laganoj posudi. Poklopite i kuhajte na laganoj vatri 6 do 8 sati. Posolite i popaprite.

Poblano chili govedina

Mješavina mljevene govedine, blagog čilija i začina čini ga trenutnim favoritom.

za 4 osobe

450 g / 1 lb nemasne mljevene govedine
400g / 14oz limenke nasjeckane rajčice
400g / 14oz limenke cannellini graha, ocijeđenog i ispranog
1 veliki luk, nasjeckan
1 mali poblano chile ili drugi blagi chile, sitno nasjeckan
1 grančica nasjeckanog celera
Paketić čili mješavine začina od 39 g
Kriške tortilje (vidi desno)

Pomiješajte sve sastojke osim kriški tortilje u sporom kuhalu. Poklopite i kuhajte na laganoj vatri 6 do 8 sati. Poslužite s kriškama tortilje.

Chili Light Tortilja

Tortilja čips ovdje daje hrskavost i teksturu.

Za 8 porcija

225 g / 8 oz nemasne mljevene govedine
ulje, za podmazivanje
900 ml / 1½ litre goveđeg temeljca
450g/1lb pripremljenog srednjeg ili blagog umaka
400 g / 14 oz konzerve graha, ocijeđenog i ispranog
4 kosana luka
175 g/6 oz kukuruza šećerac, odmrznut ako je zamrznut
1 žličica čilija u prahu
100 g / 4 oz tortilja čipsa, zdrobljenog
sol i svježe mljeveni crni papar
50 g ribanog cheddar sira

Kuhajte govedinu u velikoj, lagano nauljenoj tavi na srednjoj vatri dok ne porumeni, oko 5 minuta, razbijajući vilicom. Pomiješajte meso, juhu, umak, grah, luk, kukuruz šećerac i čili u prahu u loncu za sporo kuhanje od 5,5 litara. Poklopite i kuhajte na laganoj vatri 6 do 8 sati. Dodajte tortilja čips. Posolite i popaprite. Pospite sirom.

tortilja čips

Ukusno kao dodatak meksičkim jelima.

Za 4 osobe kao pratnja

2 x 15 cm / 6 tortilja od brašna
25 g / 1 oz čili sira, naribanog
25g/1oz nasjeckanog cheddar sira
3 narezana mlada luka
25 g / 1 oz blagog ili ljutog umaka
kiselo vrhnje, za ukrašavanje

Stavite tortilje na lim za pečenje. Pospite pomiješane sireve i mladi luk. Pecite na 230ºC / plin 8 / vruća pećnica 210ºC dok rubovi tortilja ne porumene i sir se otopi, 5-7 minuta. Izrežite svaku tortilju na šest klinova. Prelijte svaki 1 žličicom umaka i malom kašikom kiselog vrhnja.

Texas Two Step Chili

Svinjetina i puretina susreću se u ovom jednostavnom i ukusnom jelu. Svježi korijander daje zadivljujuću pikantnost.

za 4 osobe

225g/8oz nemasne mljevene svinjetine
225g/8oz mljevenih purećih prsa
8 mladog luka, narezanog na ploške
ulje, za podmazivanje
400 g / 14 oz limenke čili graha, neocijeđenog
450 g / 1 lb rajčice, nasjeckane
1 mali jalapeño ili drugi srednje ljuti čili, bez jezgre i sitno nasjeckan
soli po ukusu
svježi cilantro, sitno nasjeckan, za ukrašavanje

Kuhajte svinjetinu, puretinu i mladi luk u velikoj lagano nauljenoj tavi na srednje jakoj vatri dok meso ne porumeni, oko 8 minuta, natrgajte vilicom. Pomiješajte mesnu smjesu i preostale sastojke, osim soli, u laganoj loncu. Poklopite i kuhajte na laganoj vatri 5-6 sati. Začiniti po želji. Svaku zdjelu juhe pospite svježim cilantrom.

čili tacosi

Kukuruz se može naći na etničkim tržnicama ili kod specijaliziranih prodavača, a umjesto toga možete dodati limenku cannellini graha.

Za 8 porcija

900 g / 2 lb nemasne mljevene govedine
ulje, za podmazivanje
400 g / 14 oz limenke pinto graha, ocijeđenog i ispranog
400 g / 14 oz mljevenog kukuruza, ocijeđenog i ispranog
400g / 14oz limenke nasjeckane rajčice, neocijeđene
275 g / 10 oz konzerviranih nasjeckanih čili rajčica, sa sokom
225 g / 8 oz konzerviranog kukuruza, ocijeđenog
1 veliki luk, nasjeckan
2 nasjeckana štapića celera
Paket od 35 g mješavine začina za taco
1 protisnuti češanj češnjaka
½ žličice suhe majčine dušice
ukras: kiselo vrhnje, naribani cheddar sir, taco čips

Kuhajte mljevenu govedinu u velikoj, lagano nauljenoj tavi dok ne porumeni, oko 10 minuta, razbijajući vilicom. Meso i ostale sastojke pomiješajte u loncu. Poklopite i kuhajte na laganoj vatri 6 do 8 sati. Poslužite s ukrasima.

Pečeni tortilja čips

Napravite vlastiti tortilja čips, tako je jednostavno.

Za 6 osoba kao pratnja

6 x 15 cm / 6 u kukuruznim tortiljama
sprej za povrće
prstohvat mljevenog kima
prstohvat čilija u prahu
prstohvat sušenog origana
prstohvat paprike
sol i kajenski papar po ukusu

Izrežite svaku tortilju na osam klinova. Stavite u jednom sloju na lim za pečenje. Poprskajte tortilje sprejom za kuhanje. Lagano pospite preko kombiniranog začinskog bilja, paprike, soli i kajenskog papra. Pecite na 180ºC / plin 4 / vruća pećnica 160ºC dok lagano ne porumene, 5-7 minuta.

čili grem

Chili koji je malo drugačiji, napravljen od juhe iz konzerve!

za 6

1 funta / 450 g filea pilećih prsa bez kože, narezanih na kockice
(2 cm / ¾ inča)

275 g / 10 oz pripremljene pileće kreme

120 ml / 4 fl oz pripremljenog umaka od rajčice

1 kosani luk

3 nasjeckana mlada luka

½ nasjeckane crvene paprike

1 mali jalapeño ili drugi srednje ljuti čili, bez jezgre i sitno nasjeckan

2 češnja češnjaka nasjeckana

100g/4oz nasjeckanih zelenih čilija iz konzerve, ocijeđenih

1 žlica čilija u prahu

½ žličice mljevenog kumina

250 ml / 8 fl oz obranog mlijeka

sol i svježe mljeveni crni papar po ukusu

50 g Monterey Jack ili Cheddar sira, naribanog

Pečeni tortilja čips (vidi lijevo)

Pomiješajte sve sastojke osim mlijeka, soli, papra, sira i pečenog tortilja čipsa u laganom kuhalu. Poklopite i kuhajte na laganoj vatri 6 do 8 sati, dodajući mlijeko tijekom zadnjih 20 minuta. Posolite i popaprite. Svaku zdjelicu čilija pospite sirom. Poslužite uz pečeni tortilja čips.

čili krtica

Ovaj čili može se pohvaliti uzbudljivim okusima tradicionalnog meksičkog molea. Koristite piletinu, svinjetinu ili junetinu ili kombinaciju sva tri mesa.

za 6

450 g / 1 lb nemasne svinjetine, očišćene od masnoće, narezane na kockice
250 ml / 8 fl oz pileće juhe
400g / 14oz limenke nasjeckane rajčice
400g / 14oz limenke crnog graha, ocijeđenog i ispranog
mole umak
sol i svježe mljeveni crni papar po ukusu
Guacamole (vidi dolje)
svježi cilantro, sitno nasjeckan, za ukrašavanje

Pomiješajte sve sastojke osim soli, papra i guacamolea u sporom kuhalu. Poklopite i kuhajte na laganoj vatri 6 do 8 sati. Posolite i popaprite. Prelijte svaku zdjelu čilija guacamoleom. Obilno pospite svježim cilantrom.

guacamole

Tradicionalno s jelima od čilija.

Za 6 osoba kao pratnja

1 zreli avokado, grubo nasjeckan
½ male glavice luka, sitno nasjeckane
½ jalapena ili drugog čilija na srednje jakoj vatri, bez jezgre i sitno nasjeckanog
1 žlica sitno nasjeckanog svježeg korijandera
Tabasco umak, po ukusu
soli po ukusu

Pomiješajte avokado, luk, čili i korijander. Začinite tabasco umakom i soli.

Zeleni čili

Ovaj "zeleni čili" se pravi od tomatillosa, koji se također nazivaju meksičke zelene rajčice. Dostupni su konzervirani na etničkim tržnicama iu specijaliziranim trgovinama.

Za 8 porcija

1 funta / 450 g nemasne svinjetine bez kostiju, narezane na kockice (1 cm / ½ inča)

900 ml / 1 ½ litre pilećeg temeljca

2400 g / 14 oz limenke cannellini graha, ocijeđenog i ispranog

100-225 g / 4-8 oz zelenih čilija iz limenke, narezanih na kockice

250 ml / 8 tečnih oz vode

900 g / 2 lb konzerviranih rajčica, na četvrtine

2 velika luka, tanko narezana

6 do 8 režnjeva češnjaka, nasjeckanog

2 žličice mljevenog kumina

25 g / 1 oz svježeg cilantra, nasjeckanog

Cilantro kiselo vrhnje (vidi dolje)

Pomiješajte sve sastojke osim cilantra i kiselog vrhnja od čilija u loncu za sporo kuhanje od 5,5 litara/9½ litre. Poklopite i kuhajte na laganoj vatri 6 do 8 sati. Dodajte korijander. Poslužite s vrhnjem od čili korijandera.

Cilantro čili kiselo vrhnje

Dobar uz začinjena jela.

Za 8 osoba kao prilog

120 ml kiselog vrhnja
1 žlica nasjeckanog svježeg korijandera
1 žličica mljevenog ukiseljenog jalapeña ili drugog srednje ljutog čilija

Pomiješajte sve sastojke.

meksička kobasica

Ovo nije recept za sporo kuhanje, već čini osnovu mnogih ukusnih jela, poput ovog u nastavku.

za 6

½ žličice zgnječenih sjemenki korijandera
½ žličice kumina, zgnječenog
ulje, za podmazivanje
2 sušena ancho čilija ili drugog srednje ljutog čilija
700 g / 1½ lb svinjskog filea, sitno nasjeckanog ili mljevenog
4 češnja češnjaka nasjeckana
2 žlice paprike
2 žlice jabukovače octa
2 žlice vode
1 žličica sušenog origana
½ žličice soli

Kuhajte cilantro i kumin u maloj, lagano nauljenoj tavi na srednje jakoj vatri, često miješajući, dok ne popeku, 2-3 minute. Izvadite iz posude i ostavite sa strane. Dodajte anchochile u tavu za prženje. Kuhajte na srednjoj vatri dok ne omekša, oko 1 minutu po strani, često okrećući čili kako ne bi zagorio. Uklonite i odbacite stabljike, žilice i sjemenke. Mljeveno meso. Pomiješajte sve sastojke, dobro promiješajte.

Meksički chorizochili

Chorizo može se koristiti u mnogim meksičkim receptima ili se može oblikovati u empanade i kuhati kao glavno jelo za večeru.

za 6

Meksički chorizo (vidi gore)
1 kosani luk
ulje, za podmazivanje
2 konzerve nasjeckanih rajčica od 400 g / 14 oz
2 konzerve pinto ili crnog graha od 400 g / 14 oz, ocijeđene i isprane
sol i papar po ukusu

Kuhajte meksički chorizo i luk u velikoj, lagano nauljenoj tavi na srednje jakoj vatri dok ne porumene, 8 do 10 minuta, natrgajte vilicom. Pomiješajte chorizo i ostale sastojke, osim soli i papra, u laganom kuhalu. Poklopite i kuhajte na laganoj vatri 4 do 6 sati. Posolite i popaprite.

Sir i bijeli čile s crvenim umakom od rajčice

Ovaj bijeli čili postaje ekstra kremast uz dodatak kiselog vrhnja i sira Monterey Jack ili Cheddar.

Za 8 porcija

700 g / 1½ lb filea pilećih prsa bez kože, narezanih na kockice
2400 g / 14 oz limenke cannellini graha, ocijeđenog i ispranog
400 ml / 14 fl oz pileće juhe
100 g / 4 oz zelenog čilija narezanog na kockice iz konzerve, ocijeđenog
4 kosana luka
1 žlica sitno nasjeckanog češnjaka
1 žlica sušenog origana
1 žličica mljevenog kima
250 ml / 8 fl oz kiselog vrhnja
225 g Monterey Jack ili Cheddar sira, nasjeckanog
sol i kajenski papar po ukusu
crveni paradajz sos

Pomiješajte sve sastojke osim kiselog vrhnja, sira, soli, kajenskog papra i umaka od crvenog paradajza u laganom kuhalu. Poklopite i kuhajte na laganoj vatri 6 do 8 sati.

Dodajte kiselo vrhnje i sir, miješajte dok se sir ne rastopi. Začinite solju i kajenskim paprom. Poslužite s umakom od crvenih rajčica.

crveni paradajz sos

Odličan umak s pikantnim dodirom.

Za 8 osoba kao prilog

2 velike rajčice, nasjeckane
1 manja glavica luka sitno nasjeckana
1 zelena paprika, sitno nasjeckana
2 žlice sitno nasjeckanog poblano čilija ili drugog blagog čilija
1 protisnuti češanj češnjaka
2 žlice sitno nasjeckanog svježeg korijandera
soli po ukusu

Pomiješajte sve sastojke, posolite.

ranč čili

Izdašna čili papričica s okusima Divljeg zapada. Definitivno jedan za dečke!

za 6

450 g / 1 funta nemasne mljevene govedine
100 g / 4 oz dimljene kobasice, narezane na ploške
ulje, za podmazivanje
600 ml / 1 litra goveđeg temeljca
250 ml piva ili ekstra goveđe juhe
450 g / 1 funta nasjeckanih neocijeđenih rajčica
400 g / 14 oz konzerve graha s čili umakom
400 g / 14 oz limenke pinto graha, ocijeđenog i ispranog
1 kosani luk
1 zelena paprika, nasjeckana
1 jalapeño papričica, sitno nasjeckana
3 velika režnja češnjaka, nasjeckana
1 žlica mljevenog kumina
3 žlice čilija u prahu ili po ukusu
1 žličica sušenog origana
sol i svježe mljeveni crni papar
kiselo vrhnje, za ukrašavanje

Kuhajte govedinu i kobasice u podmazanoj tavi na srednjoj vatri dok ne porumene, oko 8 minuta, razbijajući ih vilicom. Pomiješajte s ostalim sastojcima, osim soli i papra, u sporom kuhalu. Poklopite i kuhajte na laganoj vatri 6 do 8 sati. Posolite i popaprite. Svaki dio prelijte kašikom kiselog vrhnja.

Žuta tikva i čili od graha Cannellini

Prepun povrća i svinjetine, ovaj živahni čili izvrstan je obiteljski obrok. Umjesto tikve možete koristiti žutu tikvu.

za 6

450 g/lb nemasne mljevene svinjetine
ulje, za podmazivanje
1 litra / 1¾ litre pileće juhe
250 ml / 8 fl oz suhog bijelog vina ili pilećeg temeljca
100g / 4oz suhih cannellini graha
100 g / 4 oz sušenog slanutka
2 kosana luka
1 nasjeckana žuta paprika
100 g poriluka narezanog na tanke ploške
175 g / 6 oz žute ljetne tikve, poput odreska, narezane na kockice
175g/6oz voštanih krumpira, oguljenih i narezanih na kockice
2 češnja češnjaka nasjeckana
2 žličice sitno nasjeckanog jalapeña ili druge blago ljute čili papričice
2 žličice kumina
1 žličica sušenog origana
1 žličica čilija u prahu

½ žličice mljevenog korijandera
½ žličice mljevenog cimeta
1 list lovora
sol i svježe mljeveni crni papar po ukusu
1 manja rajčica, sitno nasjeckana
2 mlada luka narezana na tanke ploške
3 žlice sitno nasjeckanog svježeg korijandera

Kuhajte svinjetinu u velikoj, lagano nauljenoj tavi dok ne porumeni, oko 8 minuta, razbijajući vilicom. Pomiješajte svinjetinu i ostale sastojke osim soli, papra, nasjeckane rajčice, mladog luka i svježeg cilantra u loncu za sporo kuhanje od 5,5 litara. Poklopite i kuhajte na laganoj vatri dok grah ne omekša, 7 do 8 sati. Posolite i popaprite. Bacite lovorov list. Svaku zdjelu čilija pospite rajčicom, zelenim lukom i svježim cilantrom.

Mediteranski čili

Ova varijacija standardnog recepta za čili prepuna je zdravog povrća i mahunarki.

za 6

450 g / 1 lb nemasne mljevene janjetine ili govedine
ulje, za podmazivanje
1 litra / 1¾ litre pileće juhe
250 ml / 8 fl oz suhog bijelog vina ili pilećeg temeljca
100g / 4oz suhih cannellini graha
100 g / 4 oz sušenog slanutka
2 kosana luka
1 nasjeckana žuta paprika
200 g / 7 oz Kalamata ili drugih crnih maslina, narezanih na kriške
100 g poriluka narezanog na tanke ploške
175 g / 6 oz žute ljetne tikvice, poput odreska ili žute tikvice, narezane na kockice
175g/6oz voštanih krumpira, oguljenih i narezanih na kockice
2 češnja češnjaka nasjeckana
2 žličice sitno nasjeckanog jalapeña ili druge blago ljute čili papričice
2 žličice kumina

1 žličica sušenog origana
1 žličica čilija u prahu
½ žličice mljevenog korijandera
½ žličice mljevenog cimeta
1 list lovora
sol i svježe mljeveni crni papar po ukusu
175 g kus-kusa
1 manja rajčica, sitno nasjeckana
2 mlada luka narezana na tanke ploške
3 žlice sitno nasjeckanog svježeg korijandera
6 žlica izmrvljenog feta sira

Kuhajte janjetinu ili govedinu u velikoj, lagano nauljenoj tavi dok ne porumene, oko 8 minuta, razbijajući ih vilicom. Pomiješajte meso i preostale sastojke, osim soli, papra, nasjeckane rajčice, mladog luka, svježeg cilantra, kus-kusa i feta sira, u loncu za sporo kuhanje od 5,5 litara. Poklopite i kuhajte na laganoj vatri dok grah ne omekša, 7 do 8 sati. Posolite i popaprite. Pripremite kus-kus prema uputama na pakiranju. Izbacite listove lovora iz mješavine čilija. Poslužite čili preko kus-kusa i svaki dio pospite rajčicom, mladim lukom, svježim korijanderom i feta sirom.

Čili s grahom

Ovaj lagani čili od govedine i puretine savršen je za povratak kući na kraju napornog dana.

Za 8 porcija

450 g / 1 funta nemasne mljevene govedine
450 g / 1 funta mljevene puretine
ulje, za podmazivanje
2 velika luka, nasjeckana
3 češnja češnjaka nasjeckana
175 g / 6 oz pirea od rajčice
550 g / 1 ¼ lb začinskog umaka od rajčice iz limenke
2 konzerve graha od 400 g / 14 oz, ocijeđenog i ispranog
2 žlice čilija u prahu ili po ukusu
1 žličica sušenog origana
sol i svježe mljeveni crni papar po ukusu

Kuhajte mljevenu govedinu i puretinu u velikoj, lagano nauljenoj tavi na srednjoj vatri dok ne porumene, oko 10 minuta, razbijajući meso vilicom. Pomiješajte govedinu i preostale sastojke, osim soli i papra, u sporom kuhalu.

Poklopite i kuhajte na laganoj vatri 6 do 8 sati. Posolite i popaprite.

Čili od crnog i bijelog graha

Napravljen od crnog graha i cannellina, ovaj čili ima naglašen okus i boju sa sušenim rajčicama.

za 4 osobe

350 g / 12 oz nemasne mljevene govedine
ulje, za podmazivanje
2 konzerve nasjeckanih rajčica od 400 g / 14 oz
400g / 14oz limenke cannellini graha, ocijeđenog i ispranog
400g/14oz konzerve crnog graha ili graha, ocijeđenog i ispranog
2 kosana luka
½ nasjeckane zelene paprike
15 g / ½ oz sušene rajčice (ne u ulju), nasjeckane
1 jalapeño ili druga srednje ljuta čili papričica, sitno nasjeckana
2 češnja češnjaka nasjeckana
2-3 žlice čilija u prahu ili po ukusu
1–1½ žličice mljevenog kumina
1-1½ žličice sušenog origana
1 list lovora

sol i svježe mljeveni crni papar po ukusu
15 g / ½ oz svježeg korijandera, sitno nasjeckanog

Kuhajte govedinu u velikoj, lagano nauljenoj tavi na srednjoj vatri dok ne porumeni, 8 do 10 minuta, razbijajući vilicom. Pomiješajte govedinu i preostale sastojke, osim soli, papra i svježeg cilantra, u laganom kuhalu. Poklopite i kuhajte na laganoj vatri 6 do 8 sati. Bacite lovorov list. Posolite i popaprite. Dodajte svježi korijander.

Chili s grahom i pivom

Ovaj čili je vrlo jednostavan za napraviti. Pivo daje bogatstvo umaku koji postaje ukusniji što se dulje kuha.

za 6

450 g / 1 funta nemasne mljevene govedine
ulje, za podmazivanje
600 ml / 1 litra goveđeg temeljca
250 ml piva
450 g / 1 funta nasjeckanih neocijeđenih rajčica
400 g / 14 oz konzerve graha s čili umakom
400 g / 14 oz limenke pinto graha, ocijeđenog i ispranog
3 velika režnja češnjaka, nasjeckana
1 žlica mljevenog kumina
3 žlice čilija u prahu ili po ukusu
1 žličica sušenog origana
sol i svježe mljeveni crni papar po ukusu

Kuhajte mljevenu govedinu u velikoj, lagano nauljenoj tavi na srednjoj vatri dok ne porumeni, oko 8 minuta, razbijajući vilicom. Pomiješajte mljevenu govedinu i ostale sastojke, osim soli i papra, u sporom kuhalu. Poklopite i kuhajte na laganoj vatri 6 do 8 sati. Posolite i popaprite.

Začinjeni čili od graha s fusillima

Upotrijebite svoje omiljene oblike graha i tjestenine u ovom svestranom čiliju.

Za 8 porcija

450 g / 1 funta nemasne mljevene govedine
ulje, za podmazivanje
2 konzerve nasjeckanih rajčica od 400 g / 14 oz s češnjakom
400 g / 14 oz konzerve slanutka, ocijeđenog i ispranog
400 g / 14 oz konzerve graha, ocijeđenog i ispranog
4 kosana luka
100 g gljiva, narezanih na ploške
1 celer, narezan na ploške
120 ml bijelog vina ili vode
2 žlice čilija u prahu ili po ukusu
¾ žličice sušenog origana
¾ žličice suhe majčine dušice
¾ žličice mljevenog kumina
225g / 8oz fusilli, kuhani
sol i svježe mljeveni crni papar po ukusu
3-4 žlice narezanih zelenih ili crnih maslina

Kuhajte govedinu u velikoj, lagano nauljenoj tavi na srednjoj vatri dok ne porumeni, 8 do 10 minuta, razbijajući vilicom. Pomiješajte meso i preostale sastojke osim fusilla, soli, papra i maslina u loncu za lagano kuhanje od 5,5 litara. Poklopite i kuhajte na laganoj vatri 6 do 8 sati, dodajući tjesteninu tijekom zadnjih 20 minuta. Posolite i popaprite. Svaku zdjelicu juhe pospite maslinama.

Čili od leće sa slaninom i pivom

Limeta, pivo i slanina čine ovaj čili drugačijim i ukusnim.

za 4 osobe

750 ml / 1¼ litre goveđe juhe
250 ml / 8 tečnih oz piva ili goveđe juhe
75 g / 3 oz sušene leće, isprane
75 g / 3 oz suhog crnog graha, ispranog
1 srednja glavica luka nasjeckana
3 velika režnja češnjaka, nasjeckana
1 žlica sitno nasjeckanog jalapeña ili druge blago ljute čili papričice
1 žlica čilija u prahu
1 žličica mljevenog kima
1 žličica osušenog ružmarina, zdrobljenog
225 g / 8 oz konzerviranih nasjeckanih rajčica
sok od 1 limete
sol i svježe mljeveni crni papar po ukusu
4 kriške slanine, kuhane dok ne postanu hrskave i mrvičaste

Pomiješajte sve sastojke osim rajčice, limunovog soka, soli, papra i slanine u laganom kuhalu. Poklopite i kuhajte na jakoj vatri dok grah ne omekša, 5 do 6 sati, dodajući rajčice tijekom zadnjih 30 minuta. Dodajte sok od limete. Posolite i popaprite. Svaku zdjelicu čilija pospite slaninom.

Čili od povrća i leće

Leća daje sjajnu teksturu ovom hranjivom i zasitnom čiliju bez mesa.

za 4 osobe

1 litra / 1¾ litre juhe od povrća
250 ml / 8 tečnih oz vode
400g / 14oz limenke nasjeckane rajčice
130 g / 4½ oz suhe smeđe leće
100 g / 4 oz kukuruza šećerac, odmrznut ako je zamrznut
2 kosana luka
1 nasjeckana crvena ili zelena paprika
1 manja mrkva, narezana na ploške
½ celera, narezanog na ploške
1 protisnuti češanj češnjaka
½ – 1 žlica čilija u prahu
¾ žličice mljevenog kumina
1 list lovora
sol i svježe mljeveni crni papar po ukusu

Pomiješajte sve sastojke osim soli i papra u laganoj posudi. Poklopite i kuhajte na laganoj vatri 6 do 8 sati. Bacite lovorov list. Posolite i popaprite.

Vegetarijanski čili od crnog i bijelog graha

Bijeli i crni grah ovom vegetarijanskom čiliju daju atraktivnu teksturu i izgled. Njegov topli okus dolazi od pečenog kumina.

za 4 osobe

450 ml / ¾ litre soka od rajčice
250 ml juhe od povrća
2 žlice pirea od rajčice
400g / 14oz limenke crnog graha, ocijeđenog i ispranog
400 g / 14 oz limenke cannellina ili zelenih mahuna, ocijeđenih i ispranih
1 kosani luk
1 blagi čili, bez jezgre i sitno nasjeckan
1 žličica paprike
1 žličica pečenih sjemenki kumina
50 g / 2 oz divlje riže, kuhane
sol i svježe mljeveni crni papar po ukusu

Pomiješajte sve sastojke osim divlje riže, soli i papra u laganom kuhalu. Poklopite i kuhajte na laganoj vatri 6 do 8 sati, dodajući divlju rižu tijekom zadnjih 30 minuta. Posolite i popaprite.

Čili grah i kukuruz šećerac

Ovaj lagani čili je stvarno ljut! Za manje ljutu verziju, čili grah zamijenite konzervom ocijeđenog i ispranog pinto graha ili graha.

za 4 osobe

400 g / 14 oz limenke čili graha
250 ml juhe od povrća
400g / 14oz limenke nasjeckane rajčice
1 zelena paprika, nasjeckana
100 g / 4 oz kukuruza šećerac, odmrznut ako je zamrznut
1 kosani luk
2 češnja češnjaka nasjeckana
1-3 žličice čilija u prahu
sol i svježe mljeveni crni papar po ukusu

Pomiješajte sve sastojke osim soli i papra u laganoj posudi. Poklopite i kuhajte na laganoj vatri 6 do 8 sati. Posolite i popaprite.

čili bez mesa

Raznolikost dodataka čini ovaj čili zabavnim za posluživanje; dodajte i druge dodatke, poput nasjeckane paprike i rajčice i nasjeckanog svježeg origana ili svježeg cilantra.

Poslužuje se od 6 do 8

6 konzervi nasjeckanih rajčica od 400 g / 14 oz
400 g / 14 oz konzerve graha, ocijeđenog i ispranog
175 g / 6 oz pirea od rajčice
175 ml / 6 tečnih oz piva ili vode
350 g / 12 oz Quorn ili goveđeg sojinog mljevenog mesa
2 kosana luka
1 zelena paprika, nasjeckana
2 češnja češnjaka nasjeckana
1 žlica svijetlo smeđeg šećera
1 žlica kakaa u prahu
1-2 žlice čilija u prahu
1-2 žličice mljevenog kumina
1-2 žličice sušenog origana
¼ žličice mljevenog klinčića
sol i svježe mljeveni crni papar po ukusu
nadjev: naribani sir, kiselo vrhnje, sitno narezan mladi luk

Pomiješajte sve sastojke osim soli i papra u loncu za sporo kuhanje od 5,5 litara. Poklopite i kuhajte na laganoj vatri 6 do 8 sati. Posolite i popaprite. Poslužite s preljevima.

omlet od čilija

Ukusno jelo od rajčice posuto tortilja čipsom.

Poslužuje se od 6 do 8

6 konzervi nasjeckanih rajčica od 400 g / 14 oz
400 g / 14 oz limenke crnog ili pinto graha, ocijeđenog i ispranog
175 g / 6 oz pirea od rajčice
175 ml / 6 tečnih oz piva ili vode
350 g / 12 oz Quorn ili goveđeg sojinog mljevenog mesa
2 kosana luka
1 jalapeño ili druga srednje ljuta čili papričica, sitno nasjeckana
1 zelena paprika, nasjeckana
2 češnja češnjaka nasjeckana
1 žlica svijetlo smeđeg šećera
1 žlica kakaa u prahu
1-2 žlice čilija u prahu
1-2 žličice mljevenog kumina
1-2 žličice sušenog origana
¼ žličice mljevenog klinčića
sol i svježe mljeveni crni papar po ukusu
zdrobljeni tortilja čips i nasjeckani svježi listovi cilantra, ukras

Pomiješajte sve sastojke osim soli, papra i ukrasa u loncu za sporo kuhanje od 5,5 litara / 9½ pinta. Poklopite i kuhajte na laganoj vatri 6 do 8 sati. Posolite i popaprite. Poslužite posuto tortilja čipsom i cilantrom.

Chipotle od slatkog krumpira

Ako ste ljubitelj meksičke hrane, možda biste trebali dodati chipotle paprike (sušene i dimljene jalapeno paprike) u adobo umak u svojoj smočnici. Dostupni su preko specijaliziranih dobavljača. Kušajte prije dodavanja još jer mogu postati jako vruće!

za 4 osobe

2 konzerve crnog graha od 400 g / 14 oz, ocijeđenog i ispranog

400g / 14oz limenke nasjeckane rajčice

250 ml / 8 fl oz vode ili juhe od povrća

500g / 18oz slatkog krumpira, oguljenog i narezanog na kockice

2 kosana luka

1 zelena paprika, nasjeckana

1 cm/½ u komadu svježeg korijena đumbira, sitno naribanog

1 protisnuti češanj češnjaka

1 žličica kumina, zdrobljenog

½ – 1 mala chipotle paprika u adobo umaku, sitno nasjeckana

soli po ukusu

Pomiješajte sve sastojke osim chipotle papra i soli u laganom kuhalu. Poklopite i kuhajte na laganoj vatri 6 do 8 sati, dodajući chipotle papar tijekom zadnjih 30 minuta. Posolite.

Ají de Artemisa sa svježim rajčicama

Svježe rajčice i sušena kadulja daju pečat ovom čiliju. Odaberite zrele rajčice koje su u sezoni za najbolji okus.

za 4 osobe

2 konzerve crnookog graška od 400 g / 14 oz, ocijeđene i isprane
750 g / 1¾ lb rajčice, narezane na kriške
4 mlada luka, narezana na ploške
8 režnjeva češnjaka, tanko narezanih
1 veliki ljuti crveni čili, pečen, bez jezgre i sitno nasjeckan
½ – 2 žlice čilija u prahu
1 žličica mljevenog kima
1 žličica mljevenog korijandera
¾ žličice sušene kadulje
sol i svježe mljeveni crni papar po ukusu

Pomiješajte sve sastojke osim soli i papra u laganoj posudi. Poklopite i kuhajte na laganoj vatri 8 do 9 sati. Posolite i popaprite.

Crni grah, riža i kukuruzni čili

Za okus meksičke kuhinje upotrijebite crni grah u ovom brzom i jednostavnom vegetarijanskom čiliju, ali i grah je dobar.

za 4 osobe

2 konzerve nasjeckanih rajčica od 400 g / 14 oz
400g / 14oz limenke crnog graha, ocijeđenog i ispranog
50 g / 2 oz kukuruza šećerac, odmrznut ako je zamrznut
3 kosana luka
1 velika crvena paprika, nasjeckana
1 jalapeño ili druga srednje ljuta čili papričica, sitno nasjeckana
3 češnja češnjaka nasjeckana
½ – 1 žlica čilija u prahu
1 žličica mljevene pimente
25 g / 1 oz riže, kuhane
sol i svježe mljeveni crni papar po ukusu

Pomiješajte sve sastojke osim riže, soli i papra u laganom kuhalu. Poklopite i kuhajte na laganoj vatri 8 do 9 sati, dodajte rižu tijekom zadnjih 15 minuta. Posolite i popaprite.

čili umak

Pripremljeni umak zgodno je imati u ormariću u trgovini kako bi ovakvim jelima dao okus i teksturu.

za 4 osobe

400g / 14oz limenke nasjeckane rajčice
400 g / 14 oz konzerve graha, ocijeđenog i ispranog
250 ml / 8 tečnih oz vode
120 ml pripremljenog srednje ili ljutog umaka
50 g / 2 oz kukuruza šećerac, odmrznut ako je zamrznut
½ – 1 žlica čilija u prahu
½ – 1 žličica jalapeña ili druge srednje ljute čili papričice, sitno nasjeckane
90 g / 3½ oz bisernih zrnaca
sol i svježe mljeveni crni papar po ukusu
50 g / 2 oz zrelog cheddar sira, naribanog

Pomiješajte sve sastojke osim ječma, soli, papra i sira u sporom kuhalu. Poklopite i kuhajte na laganoj vatri 6 do 8 sati, dodajući ječam tijekom zadnjih 40 minuta. Posolite i popaprite. Svaku posudu pospite naribanim sirom.

karipski čili

Ovaj izdašni čili bez mesa od tri zrna naglašen je umakom od manga. Po želji poslužite sa smeđom rižom.

za 6

2 konzerve nasjeckanih rajčica od 400 g / 14 oz
400 g / 14 oz limenke pinto graha, ocijeđenog i ispranog
400g / 14oz limenke cannellini graha, ocijeđenog i ispranog
400g / 14oz limenke crnog graha, ocijeđenog i ispranog
2 crvene ili zelene paprike, nasjeckane
2 kosana luka
1 jalapeño ili druga srednje ljuta čili papričica, sitno nasjeckana
2 cm/¾ u komadićima svježeg korijena đumbira, sitno naribanog
2 žličice šećera
3 velika režnja češnjaka, nasjeckana
1 žlica mljevenog kumina
2 žlice paprike
½ – 2 žlice čilija u prahu

¼ žličice mljevenog klinčića
1 žlica soka limete
sol i svježe mljeveni crni papar po ukusu
Umak od manga (vidi dolje)

Pomiješajte sve sastojke osim soli, papra i umaka od manga u loncu za sporo kuhanje od 5,5 litara. Poklopite i kuhajte na laganoj vatri 6 do 8 sati. Posolite i popaprite. Poslužite s umakom od manga.

Umak od manga

Ukusan slatko-ljuti umak koji ide uz ljuta jela.

Za 6 osoba kao pratnja

1 mango narezan na kockice
1 banana narezana na kockice
15 g / ½ oz svježeg cilantra, nasjeckanog
½ malog jalapeña ili druge srednje ljute čili papričice, sitno nasjeckane
1 žlica koncentrata soka od ananasa ili naranče
1 žličica soka od limete

Pomiješajte sve sastojke.

Pečena govedina s fettuccinom

Narežite ovaj savršeno pečeni odrezak i poslužite s fettuccinom.

Za 8 porcija

1 goveđe meso bez kosti, poput gornjeg (oko 1,5 kg / 3 lbs)
sol i svježe mljeveni crni papar po ukusu
2 narezana luka
120 ml / 4 fl oz goveđe juhe
50g/2oz smrznutih petits pois, odmrznutih
1 žlica kukuruznog brašna
2 žlice vode
50 g / 2 oz svježe ribanog parmezana ili romano sira
450 g / 1 funta fettuccina, kuhanog, toplog

Meso lagano pospite solju i paprom. Stavite u sporo kuhalo s lukom i juhom. Umetnite termometar za meso tako da vrh bude u sredini pečenja. Poklopite i kuhajte na laganoj vatri dok termometar za meso ne zabilježi 68ºC za kuhanje na srednjoj vatri, oko 4 sata. Izvadite na tanjur za posluživanje i labavo pokrijte folijom.

Dodajte grašak u sporo kuhalo. Poklopite i kuhajte na najjačoj temperaturi 10 minuta. Dodajte pomiješano kukuruzno brašno i vodu, miješajte 2-3 minute. Dodajte sir. Posolite i popaprite. Pomiješajte s fettuccinom i poslužite uz meso.

Pečena govedina umak od hrena

Umjesto parmezana po želji možete koristiti Romano. Koristite više ili manje hrena ovisno o ukusu.

Za 8 porcija

1 goveđe meso bez kosti, poput gornjeg (oko 1,5 kg / 3 lbs)
sol i svježe mljeveni crni papar po ukusu
2 narezana luka
120 ml / 4 fl oz goveđe juhe
50g/2oz smrznutih petits pois, odmrznutih
1 žlica kukuruznog brašna
2 žlice vode
50 g / 2 oz svježe ribanog parmezana
2 žlice pripremljenog hrena
velikodušan prstohvat kajenskog papra
250 ml vrhnja za šlag

Meso lagano pospite solju i paprom. Stavite u sporo kuhalo s lukom i juhom. Umetnite termometar za meso tako da vrh bude u sredini pečenja. Poklopite i kuhajte na laganoj vatri dok termometar za meso ne zabilježi 68ºC za kuhanje na srednjoj vatri, oko 4 sata. Izvadite na tanjur za posluživanje i labavo pokrijte folijom.

Dodajte grašak u sporo kuhalo. Poklopite i kuhajte na najjačoj temperaturi 10 minuta. Dodajte pomiješano kukuruzno brašno i vodu, miješajte 2-3 minute. Dodajte parmezan. Posolite i popaprite. Pomiješajte hren, kajenski papar i šlag i poslužite uz meso.

Sauerbraten

Što duže možete marinirati meso, to će biti ukusnije. Mnogi recepti za kobasice ne uključuju kiselo vrhnje; preskočite ako želite.

Poslužuje se od 8 do 10

450 ml / ¾ litre vode
250 ml / 8 fl oz suhog crnog vina
1 veliki luk, narezan na tanke ploške
2 žlice začina za kiseljenje
12 cijelih klinčića
12 zrna papra
2 lista lovora
1 ½ žličice soli
1 goveđe meso bez kostiju, kao ono gore ili srebrno (oko 1,5 kg / 3 lbs)
75 g / 3 oz kolačića od oraha od đumbira, sitno zdrobljenih
150 ml / ¼ litre kiselog vrhnja
2 žlice kukuruznog brašna

U velikom loncu zakuhajte vodu, vino, luk, začine i sol. Cool. Smjesu prelijte preko mesa u laganom kuhalu. Ohladite posudu, pokrivenu, najmanje 1 dan.

Stavite lonac u sporo kuhalo. Poklopite i kuhajte na laganoj vatri 6 do 8 sati. Izvadite meso na tanjur za posluživanje i držite na toplom. U juhu dodajte medenjake s orasima. Dodati sjedinjeno vrhnje i kukuruznu krupicu, miješati 2 do 3 minute. Umak poslužite preko narezanog mesa.

Pecite u loncu

Pomfrit s povrćem ne može biti bolji za obrok za hladno vrijeme; dodajte crno vino za dodatni okus.

Za 8 porcija

Odrezak od 1,5 kg / 3 lb za pirjanje
2 velika luka, prepolovljena i narezana
1 paket mješavine za juhu od luka
450 g / 1 lb mrkve, debelo narezane
1 kg / 2¼ lb krumpira s voskom, neoguljenog
½ manjeg kupusa, izrezanog na 6 do 8 klinova
sol i svježe mljeveni crni papar po ukusu
120 ml / 4 fl oz suhog crnog vina ili goveđeg temeljca

Rasporedite meso preko luka u posudu za sporo kuhanje od 5,5 litara i prelijte mješavinom juhe. Rasporedite povrće oko mesa i lagano pospite solju i paprom. Dodajte vino ili temeljac, poklopite i kuhajte na laganoj vatri 6 do 8 sati. Meso i povrće poslužite s juhom ili upotrijebite za pripremu umaka.

Napomena: Za pripremu umaka izmjerite juhu i ulijte je u malu posudu za umake. Zagrijte do vrenja. Za svakih 250 ml / 8 fl oz juhe, pomiješajte 2 žlice brašna pomiješanog s 50 ml /

2 fl oz hladne vode, miješajući dok se ne zgusne, oko 1 minutu.

prženje kave

Omiljeni recept dobre prijateljice Judy Pompei, govedina dobiva nevjerojatno bogatstvo dodavanjem kave i soja umaka.

Za 10 porcija

2 velika luka, narezana na ploške
1 teleći komad bez kostiju, kao zadnji dio (oko 1,5 kg / 3 lbs)
250 ml jake kave
50 ml / 2 fl oz soja umaka
1 protisnuti češanj češnjaka
1 žličica sušenog origana
2 lista lovora

Polovicu luka stavite u sporo kuhalo. Na vrh stavite preostalo meso i luk. Dodajte preostale sastojke. Poklopite i kuhajte na laganoj vatri 6 do 8 sati. Meso poslužite uz juhu.

Govedina Bourguignon

Ovo je pogled Catherine Atkinson na ovaj robusni i jako voljeni klasik iz regije Burgundije u Francuskoj.

za 4 osobe

175 g luka, neoguljenog
2 žlice maslinovog ulja
100g / 4oz dimljene slanine bez kore, narezane na male komadiće
100 g / 4 oz malih gljiva
2 režnja češnjaka, mljevena ili 10 ml / 2 žličice pirea od češnjaka
250 ml / 8 fl oz goveđe juhe
1½ lb / 700 g nemasnog lonca ili ribeye odreska, obrubljen i narezan na kockice od 2 inča / 5 cm
2 žličice višenamjenskog brašna
250 ml crnog vina
1 grančica svježe majčine dušice ili 2,5 ml / ½ žličice osušene majčine dušice
1 list lovora
sol i svježe mljeveni crni papar
2 žlice nasjeckanog svježeg peršina

kremasti pire krumpir i zeleno povrće za posluživanje

Stavite luk u posudu otpornu na toplinu i prelijte s dovoljno kipuće vode da bude pokriven. Ostavite da djeluje 5 minuta. Za to vrijeme u tavi zagrijte 1 žlicu ulja, dodajte slaninu i pržite dok ne porumeni. Premjestite u sporo kuhalo s šupljikavom žlicom, odbacivši svu masnoću i sokove. Ocijedite luk i ogulite ga kada se dovoljno ohladi da možete rukovati njime. Dodajte u tavu i pustite da kuha na laganoj vatri dok tek ne dobije boju. Dodajte gljive i češnjak i kuhajte 2 minute uz miješanje. Prebacite povrće u lonac. Ulijte juhu, pokrijte poklopcem i uključite sporo kuhalo na jako ili nisko.

U tavi zagrijte preostalo ulje i popržite kockice bifteka sa svih strana da porumene. Pospite brašno po mesu i dobro promiješajte. Postupno ulijevajte vino uz neprestano miješanje dok umak ne zabubri i ne zgusne se. Dodajte u sporo kuhalo s majčinom dušicom, lovorom, soli i paprom. Kuhajte lonac 3 do 4 sata na visokoj temperaturi ili 6 do 8 sati na niskoj temperaturi ili dok meso i povrće ne omekšaju. Uklonite grančicu timijana i lovorov list. Pospite peršinom i poslužite s kremastim pireom od krumpira i zelenim povrćem.

prsa na žaru

Ova ukusna prsa napravljena su s laganim začinjenim preljevom i polako kuhana do savršenstva u umaku za roštilj.

Za 10 porcija

1 goveđa prsa, očišćena od masnoće (oko 1,5 kg / 3 lbs)
sezona rub
450 ml / ¾ litre pripremljenog umaka za roštilj
50 ml crvenog vinskog octa
50 g / 2 oz svijetlo smeđeg šećera
2 srednje glavice luka, narezane na ploške
120 ml / 4 fl oz vode
450 g / 1 funta fettuccina, kuhanog, toplog

Natrljajte prsa Spice Rub-om i stavite u sporo kuhalo. Ulijte ostale sastojke osim fettuccina. Poklopite i kuhajte na laganoj vatri 6 do 8 sati, pojačavajući vatru zadnjih 20 do 30 minuta. Izvadite prsa na tanjur za posluživanje i ostavite ih da odstoje, prekrivena folijom, oko 10 minuta. Izrežite i poslužite s umakom za roštilj i lukom preko fettuccina.

sendviči s mesom na žaru

Skromni sendvič u ovom se receptu pretvara u pravu gozbu.

Za 10 porcija

1 goveđa prsa, očišćena od masnoće (oko 1,5 kg / 3 lbs)
Trljanje začinima (vidi dolje)
450 ml / ¾ litre pripremljenog umaka za roštilj
50 ml crvenog vinskog octa
50 g / 2 oz svijetlo smeđeg šećera
2 srednje glavice luka, narezane na ploške
120 ml / 4 fl oz vode
baguette ili rolice
Salata od kupusa

Natrljajte prsa Spice Rub-om i stavite u sporo kuhalo. Dodajte preostale sastojke zajedno osim bageta ili peciva i salate od kupusa. Poklopite i kuhajte na laganoj vatri 6 do 8 sati, pojačavajući vatru zadnjih 20 do 30 minuta. Izvadite prsa na tanjur za posluživanje i ostavite ih da odstoje, prekrivena folijom, oko 10 minuta. Prsa izgnječite vilicom i pomiješajte sa smjesom za roštilj. Žlicom podijelite meso na podijeljene komade bageta ili zarolajte i nadjenite salatu od kupusa.

sezona rub

Savršen za mesna jela.

Dobije se 3 žlice

2 žlice sitno nasjeckanog svježeg peršina
1 protisnuti češanj češnjaka
½ žličice začinjene soli
½ žličice mljevenog đumbira
½ žličice svježe naribanog muškatnog oraščića
½ žličice papra

Pomiješajte sve sastojke dok se dobro ne sjedine.

Odrezak s bokom punjen gljivama

Nadjev od slanine, gljiva i majčine dušice fantastičnog je okusa unutar nježno kuhanog mesa.

za 6

3 kriške slanine
225 g smeđih šampinjona, narezanih na ploške
½ luka, nasjeckanog
¾ žličice suhe majčine dušice
sol i svježe mljeveni crni papar po ukusu
700 g / 1½ lb goveđeg filea bez kostiju
175 ml / 6 fl oz suhog crnog vina ili goveđeg temeljca
100 g / 4 oz riže, kuhane, vruće

Pecite slaninu u velikoj tavi dok ne postane hrskava. Pustite da se ocijede i izmrve. Odbacite sve osim 1 žlice slanine. Dodajte gljive, luk i majčinu dušicu u tavu i pirjajte dok ne omekšaju, 5-8 minuta. Dodajte slaninu. Posolite i popaprite.

Meso po potrebi istucite batom za meso da bude ravnomjerna gustoća. Žlicom stavljati nadjev na meso i zarolati, prvo dužu stranu. Pričvrstite kratkim ražnjićima i stavite u sporo kuhalo. Dodajte vino ili temeljac. Poklopite i kuhajte na laganoj vatri 6 do 8 sati. Izrežite i poslužite preko riže, prelijte sokom odozgo.

Pileća prsa u pivu

Mariniranje je ključ uspjeha ovog mekog i sočnog mesa.

služi 4-6

1,25 kg / 2½ lb smotane prsa

300 ml / ½ pinta pale ale

sol i svježe mljeveni crni papar

25 g govedine, bijela biljna mast ili suncokretovo ulje

2 glavice luka, svaka izrezana na 8 kolutova

2 mrkve, narezane na četvrtine

2 štapića celera, debelo narezana

2 grančice svježeg timijana

2 lista lovora

2 cijela klinčića

150 ml / ¼ litre kipuće goveđe juhe

1 žlica kukuruznog brašna (maizena)

Stavite meso u zdjelu dovoljno veliku da stane i ulijte pivo. Pokrijte i marinirajte u hladnjaku najmanje 8 sati ili preko noći po želji, okrećući nekoliko puta ako je moguće. Meso ocijedite, pivo sačuvajte i osušite. Meso dobro posolite i popaprite. Zagrijte prelivenu biljnu mast ili ulje u velikoj teškoj tavi dok se ne zagrije. Dodajte meso često okrećući dok lijepo ne porumeni. Stavite meso na tanjur.

U tavu ulijte masnoću pa dodajte luk, mrkvu i celer. Kuhajte par minuta dok malo ne dobiju boju i počnu omekšavati. Na dno keramičke posude stavite jedan sloj povrća. Rasporedite meso po vrhu, a zatim stavite ostatak povrća oko stranica mesa. Dodajte timijan, lovor i klinčiće. Meso prelijte marinadom od piva, a zatim mesnim temeljcem. Poklopite i kuhajte 5 do 8 sati na laganoj vatri, ili dok meso i povrće ne budu kuhani i omekšani. Meso okrenite i premažite umakom jednom ili dva puta tijekom pečenja.

Izdubite meso i stavite na topli tanjur ili dasku za posluživanje. Pokrijte folijom i ostavite da odstoji 10 minuta prije rezanja na deblje kriške. U međuvremenu skinite masnoću sa soka i umaka u keramičkoj posudi. Kukuruzni škrob pomiješajte s malo hladne vode u loncu i zatim procijedite u juhu (povrće sačuvajte, lovor i majčinu dušicu bacite). Pustite da prokuha, miješajući dok ne zabubi i ne postane gusto. Kušajte i prilagodite začine. Kašasti umak poslužite uz meso i povrće.

Goveđi flan punjen povrćem

Meso postaje iznimno mekano nakon dugog sporog kuhanja i lijepo se nadopunjuje s ovim uzbudljivim izborom povrća.

za 6

40 g / 1½ oz gljiva, narezanih
½ luka, nasjeckanog
½ mrkve, nasjeckane
50 g / 2 oz tikvice, nasjeckane
25 g/1 oz kukuruza šećerac, odmrznut ako je zamrznut
¾ žličice sušenog ružmarina
1 žlica maslinovog ulja
sol i svježe mljeveni crni papar po ukusu
700 g / 1½ lb goveđeg filea bez kostiju
400g / 14oz limenke nasjeckane rajčice
100 g / 4 oz riže, kuhane, vruće

Na maslinovom ulju u tavi popržite gljive, luk, mrkvu, tikvice, kukuruz i ružmarin dok ne omekšaju, 5-8 minuta. Posolite i popaprite.

Meso po potrebi istucite batom za meso da bude ravnomjerna gustoća. Žlicom stavljati nadjev na meso i zarolati, prvo dužu stranu. Pričvrstite kratkim ražnjićima i stavite u sporo kuhalo. Dodajte rajčice. Poklopite i kuhajte na laganoj vatri 6 do 8 sati. Izrežite i poslužite preko riže, prelijte sokom odozgo.

goveđi kotlet

Za obogaćivanje ovog nadaleko poznatog belgijskog jela potrebna vam je samo mala količina piva, pa je dobro odabrati ono koje i vi volite piti.

za 4 osobe

700 g / 1½ lb posnog lonca ili ribeye odreska, podrezan
2 žlice suncokretovog ulja
1 veliki luk, narezan na tanke ploške
2 češnja češnjaka nasjeckana ili 2 žličice pirea od češnjaka
2 žličice mekog smeđeg šećera
1 žlica glatkog brašna
250 ml lagera
250 ml / 8 fl oz goveđe juhe
1 žličica octa
1 list lovora
sol i svježe mljeveni crni papar
sjeckani svježi peršin, za ukrašavanje
hrskavi francuski kruh, za posluživanje

Meso narežite na komade otprilike 5 cm/2 kvadrata i 1 cm/½ debljine. U tavi zagrijte 1 žlicu ulja i popržite meso sa svih strana. Premjestite u keramičku tavu s šupljikavom žlicom, ostavljajući sok u tavi. Dodajte preostalo ulje u tavu. Dodajte luk i kuhajte na laganoj vatri 5 minuta. Dodajte češnjak i šećer, pa pospite preko brašna, miješajući da se sjedini. Postupno dodajte pivo i pustite da zavrije. Ostavite da mjehuri minutu, a zatim isključite vatru. Smjesu prelijte preko mesa pa dodajte temeljac i ocat. Dodajte lovorov list i začinite solju i paprom. Pokrijte poklopcem. Kuhajte 1 sat na visokoj temperaturi, zatim smanjite vatru na najnižu i kuhajte još 5 do 7 sati ili dok meso ne omekša.

Uklonite listove lovora i prilagodite začine. Gulaš odmah poslužite, ukrašen s malo nasjeckanog svježeg peršina i popraćen hrskavim francuskim kruhom.

Rolada

Tanki sendvič fileti čine ove rolice od mesa i šunke lakima za rad.

za 4 osobe

4 male ili 2 velike tanke goveđe sendvič pljeskavice (oko 450 g / 1 lb ukupne težine)
sol i svježe mljeveni crni papar po ukusu
4 kriške dimljene šunke (oko 25 g/1 oz svaka)
100g / 4oz šampinjona, sitno nasjeckanih
3 žlice sitno nasjeckanih kornišona
½ luka, nasjeckanog
1-2 žlice Dijon senfa
1 žličica sušenog kopra
120 ml / 4 fl oz goveđe juhe

Sendvič pljeskavice lagano pospite solju i paprom. Na svaki file stavite krišku šunke. Ostatak sastojaka osim juhe pomiješajte i rasporedite po šnitama šunke. Smotajte filete, učvrstite štapićima za koktele. Stavite, šavovima prema dolje, u sporo kuhalo. Dodajte juhu. Poklopite i kuhajte na laganoj vatri 5-6 sati.

Talijanska Rolada

Provolone je talijanski sir sličan mozzarelli, ali puno punijeg okusa.

za 4 osobe

4 male ili 2 velike tanke goveđe sendvič pljeskavice (oko 450 g / 1 lb ukupne težine)
sol i svježe mljeveni crni papar po ukusu
4 kriške dimljene šunke (oko 25 g/1 oz svaka)
4 kriške provolone sira
4 žlice nasjeckanih sušenih rajčica
2 žličice sušenog kopra
120 ml / 4 fl oz goveđe juhe

Sendvič pljeskavice lagano pospite solju i paprom. Na svaki file stavite krišku šunke. Pomiješajte sir i rajčice i premažite preko ploški šunke. Pospite koprom. Smotajte filete, učvrstite štapićima za koktele. Stavite, šavovima prema dolje, u sporo kuhalo. Dodajte juhu. Poklopite i kuhajte na laganoj vatri 5-6 sati.

Rolada na grčki način

Okus Grčke, zahvaljujući feta siru i maslinama.

za 4 osobe

4 male ili 2 velike tanke goveđe sendvič pljeskavice (oko 450 g / 1 lb ukupne težine)

sol i svježe mljeveni crni papar po ukusu

50g/2oz feta sira

2 mlada luka sitno nasjeckana

4 sušene rajčice, nasjeckane

25 g grčkih maslina, narezanih na kriške

120 ml / 4 fl oz goveđe juhe

Sendvič pljeskavice lagano pospite solju i paprom. Sir s lukom, suhim rajčicama i maslinama naribajte i rasporedite po filetima. Smotajte filete, učvrstite štapićima za koktele. Stavite, šavovima prema dolje, u sporo kuhalo. Dodajte juhu. Poklopite i kuhajte na laganoj vatri 5-6 sati.

Varivo od rebara

Ova će rebarca biti posebno ukusna i sočna. Žvakanje kostiju je dozvoljeno!

za 4 osobe

250 ml / 8 fl oz suhog crnog vina ili goveđeg temeljca
4 veće mrkve narezane na deblje ploške
1 veliki luk, narezan na kolutove
2 lista lovora
1 žličica sušenog mažurana
900 g / 2 lb glavna rebra

Pomiješajte sve sastojke u laganom kuhalu, stavite rebra na vrh. Poklopite i kuhajte na laganoj vatri 7 do 8 sati.

Začinjena junetina s hrenom

Topla pikantnost ovog gulaša Catherine Atkinson postignuta je mješavinom pečenog hrena, đumbira i curryja.

za 4 osobe

1 kosani luk
2 žlice kremastog umaka od hrena
1 žlica Worcestershire umaka
450 ml tople (ne kipuće) goveđe juhe
1 žlica glatkog brašna
1 žličica curry praha srednje veličine
½ žličice mljevenog đumbira
1 žličica smeđeg šećera
700 g / 1½ lb posnog lonca ili ribeye odreska, narezanog na kockice
sol i svježe mljeveni crni papar
2 žlice nasjeckanog svježeg ili smrznutog peršina
mladi krumpir i zeleno povrće za posluživanje

Stavite luk u keramičku posudu. U juhu umiješajte hren i Worcestershire umak i prelijte preko luka. Uključite sporo kuhalo na nisku temperaturu i pustite da kuha 3 do 4 minute dok pripremate i mjerite preostale sastojke.

U zdjeli pomiješajte brašno, curry, đumbir i šećer. Dodajte meso i promiješajte da se kocke ravnomjerno obliže mješavinom začina. Dodajte u sporo kuhalo i začinite solju i paprom. Poklopite i kuhajte 6 do 7 sati na laganoj vatri ili dok meso ne omekša.

Dodajte peršin i po potrebi dodatno začinite. Poslužite s mladim krumpirom i zelenim povrćem kao što je na pari narezani kupus.

obična mesna štruca

Vlažna, kakva mesna štruca i treba biti, s puno ostataka i za sendviče! Poslužite uz pravi pire krumpir.

za 6

700 g / 1½ lb nemasne mljevene govedine
100g / 4oz zobene kaše
120 ml/4 fl oz obranog mlijeka
1 jaje
50 ml umaka od rajčice ili umaka od čilija
1 kosani luk
½ nasjeckane zelene paprike
1 protisnuti češanj češnjaka
1 žličica sušenog talijanskog začina
1 žličica soli
½ žličice papra

Napravite ručke od folije i stavite ih u sporo kuhalo. Pomiješajte sve sastojke dok se ne sjedine. Utapkajte smjesu u posudu za kruh i stavite je u sporo kuhalo, pazeći da stranice kruha ne dodiruju posudu. Umetnite termometar za meso tako da vrh bude u sredini kruha. Poklopite i kuhajte na laganoj vatri dok termometar za meso ne zabilježi 160°F, otprilike 6 do 7 sati. Izvadite s drškom od folije i ostavite da odstoji, labavo prekriven folijom, 10 minuta.

Talijanska mesna okruglica

Klasična mesna štruca ali s talijanskim prizvukom. Umjesto kečapa možete koristiti čili umak.

za 6

700 g / 1½ lb nemasne mljevene govedine
100g / 4oz zobene kaše
120 ml/4 fl oz obranog mlijeka
1 jaje
50 ml umaka od rajčice
1 kosani luk
½ nasjeckane zelene paprike
1 protisnuti češanj češnjaka
1 žlica svježe ribanog parmezana
50 g naribanog mozzarella sira
2 žlice nasjeckanih crnih maslina bez koštica
1 žličica sušenog talijanskog začina
1 žličica soli
½ žličice papra
2 žlice pripremljenog umaka od rajčice ili kečapa
naribani parmezan i naribana tvrda mozzarella sir, za dekoraciju

Napravite ručke od folije i stavite ih u sporo kuhalo. Pomiješajte sve sastojke dok se ne sjedine. Utapkajte smjesu u posudu za kruh i stavite je u sporo kuhalo, pazeći da stranice kruha ne dodiruju posudu. Umetnite termometar za meso tako da vrh bude u sredini kruha. Poklopite i kuhajte na laganoj vatri dok termometar za meso ne zabilježi 160°F, otprilike 6 do 7 sati. Prelijte umakom od rajčice ili kečapom i pospite preko sireva. Poklopite i pirjajte dok se sir ne otopi, 5 do 10 minuta. Uklonite s aluminijskim ručkama.

Slana mesna štruca sa sirom

Ova mesna štruca ima vrlo bogat okus sira, što je čini bogatom i izuzetno zadovoljavajućom. Umjesto kečapa možete koristiti čili umak.

za 6

450 g / 1 funta nemasne mljevene govedine
225g/8oz nemasne mljevene svinjetine
100 g / 4 oz mekog sira
75 g ribanog cheddar sira
100g / 4oz zobene kaše
120 ml/4 fl oz obranog mlijeka
1 jaje
50 ml umaka od rajčice
2 žlice Worcestershire umaka
1 kosani luk
½ nasjeckane zelene paprike
1 protisnuti češanj češnjaka
1 žličica sušenog talijanskog začina
1 žličica soli
½ žličice papra

Napravite ručke od folije i stavite ih u sporo kuhalo. Pomiješajte sve sastojke osim 25g/1oz cheddar sira dok se dobro ne sjedine. Utapkajte smjesu u posudu za kruh i stavite je u sporo kuhalo, pazeći da stranice kruha ne dodiruju posudu. Umetnite termometar za meso tako da vrh bude u sredini kruha. Poklopite i kuhajte na laganoj vatri dok termometar za meso ne zabilježi 160°F, otprilike 6 do 7 sati. Pospite ostavljenim cheddar sirom, poklopite i pirjajte dok se sir ne otopi, 5 do 10 minuta. Uklonite s aluminijskim ručkama.

Štruca od mljevenog mesa sa ajvarom i kikirikijem

Ako nemate Branston Pickle, možete koristiti istu mjeru nasjeckanog ajvara.

za 6

700 g / 1½ lb nemasne mljevene govedine
100g / 4oz zobene kaše
120 ml/4 fl oz obranog mlijeka
1 jaje
100g / 4oz Branston kiseli krastavci
1 kosani luk
½ nasjeckane zelene paprike
1 protisnuti češanj češnjaka
50 g nasjeckanog kikirikija
1 žličica curry praha
½ žličice mljevenog đumbira
1 žličica sušenog talijanskog začina
1 žličica soli
½ žličice papra

Napravite ručke od folije i stavite ih u sporo kuhalo. Pomiješajte sve sastojke dok se ne sjedine. Utapkajte smjesu u posudu za kruh i stavite je u sporo kuhalo, pazeći da stranice kruha ne dodiruju posudu. Umetnite termometar za meso tako da vrh bude u sredini kruha. Poklopite i kuhajte na laganoj vatri dok termometar za meso ne zabilježi 160°F, otprilike 6 do 7 sati. Izvadite s drškom od folije i ostavite da odstoji, labavo prekriven folijom, 10 minuta.

Umak od jaja i limuna

Ovaj ukusni umak od limuna možete pripremiti s juhom od povrća.

Za 6 osoba kao pratnja

1 žlica maslaca ili margarina
2 žlice brašna
120 ml pileće juhe
120 ml/4 fl oz obranog mlijeka
1 jaje, lagano tučeno
3-4 žlice soka od limuna
1 žličica limunove kore
sol i bijeli papar po ukusu

Otopite maslac u srednjoj tavi. Umiješajte brašno i kuhajte 1 minutu. Umutite juhu i mlijeko. Zagrijte do vrenja, miješajući dok se ne zgusne, oko 1 minutu. Otprilike pola smjese juhe umiješajte u jaje. Umutiti smjesu natrag u tavu. Miješajte na srednjoj vatri 1 minutu. Dodajte limunov sok i koricu. Posolite i popaprite.

Mesna štruca od limuna s umakom od limuna i jaja

Mesna štruca poprima novu dimenziju s naglaskom limuna i glatkim umakom od jaja i limuna koji ide uz nju.

za 6

700 g / 1½ lb nemasne mljevene govedine
50 g / 2 oz svježih krušnih mrvica
1 jaje
1 manja glavica luka nasjeckana
½ male zelene paprike, nasjeckane
1 protisnuti češanj češnjaka
1 žlica soka od limuna
1 žlica naribane kore limuna
1 žličica dijon senfa
½ žličice suhe majčine dušice
½ žličice papra
¾ žličice soli
Umak od jaja i limuna (vidi lijevo)

Napravite ručke od folije i stavite ih u sporo kuhalo. Pomiješajte sve sastojke osim umaka od jaja i limuna dok se dobro ne sjedine. Utapkajte smjesu u posudu za kruh i stavite je u sporo kuhalo, pazeći da stranice kruha ne dodiruju posudu. Umetnite termometar za meso tako da vrh bude u sredini kruha. Poklopite i kuhajte na laganoj vatri dok termometar za meso ne zabilježi 160°F, 6 do 7 sati. Izvadite pomoću drški od folije i ostavite da stoji, labavo prekriven folijom, 10 minuta. Poslužite s jajima i umakom od limuna.

slatki i kiseli kruh od šunke

Mesna štruca se također može peći u posudi za kruh 23 x 13 cm / 9 x 5 ili u dvije manje posude za kruh, ako stanu u vaš štednjak. Posude stavite na rešetku ili na prazne konzerve tune s oba kraja uklonjena.

za 6

450 g / 1 funta nemasne mljevene govedine
225 g mljevene ili sitno nasjeckane pršute
50 g / 2 oz svježih krušnih mrvica
1 jaje
1 manja glavica luka nasjeckana
½ male zelene paprike, nasjeckane
1 protisnuti češanj češnjaka
1 žličica dijon senfa
2 kisela krastavca nasjeckana
50 g / 2 oz badema, grubo nasjeckanih
50 g / 2 oz miješanog suhog voća
90 g / 3½ oz džema od marelica
1 žlica jabukovače octa
2 žličice soja umaka
½ žličice papra
¾ žličice soli

Napravite ručke od folije i stavite ih u sporo kuhalo. Pomiješajte sve sastojke dok se ne sjedine. Utapkajte smjesu u posudu za kruh i stavite je u sporo kuhalo, pazeći da stranice kruha ne dodiruju posudu. Umetnite termometar za meso tako da vrh bude u sredini kruha. Poklopite i kuhajte na laganoj vatri dok termometar za meso ne zabilježi 160°F, 6 do 7 sati. Izvadite pomoću dutki od folije i ostavite da stoji, labavo prekriven folijom, 10 minuta.

Lagano meso s vinom i povrćem

Jednostavan, ali zadovoljavajući goveđi gulaš. Po želji poslužite preko rezanaca.

za 4 osobe

450 g / 1 lb fileta pečenice, narezanog na trake od 1 cm / ½
250 ml / 8 fl oz goveđe juhe
120 ml / 4 fl oz suhog crnog vina
275 g / 10 oz graha, narezanog na kratke komade
2 krumpira narezana na kockice
2 manja luka, narezana na kolutove
3 mrkve narezane na deblje ploške
¾ žličice suhe majčine dušice
sol i svježe mljeveni crni papar po ukusu

Pomiješajte sve sastojke osim soli i papra u laganoj posudi. Poklopite i kuhajte na laganoj vatri 6 do 8 sati. Posolite i popaprite.

Punjeni listovi kupusa

Odaberite kvalitetnu nemasnu mljevenu govedinu koju ćete pomiješati s paprikom, lukom i rižom za aromatičan nadjev za listove kupusa kuhane u umaku od rajčice.

za 4 osobe

8 većih listova kupusa
450 g / 1 funta nemasne mljevene govedine
½ luka sitno nasjeckanog
¼ zelene sitno nasjeckane paprike
15 g / ½ oz riže, kuhane
50 ml / 2 tečne oz vode
1 žličica soli
¼ žličice svježe mljevenog crnog papra
400 g / 14 oz pripremljenog umaka od rajčice
450 g / 1 lb konzerve nasjeckanih rajčica

Listove kupusa stavite u kipuću vodu dok ne omekšaju, 1 do 2 minute. Dobro ocijediti. Izrežite debele lisne žile tako da leže ravno. Pomiješajte mljeveno meso i ostale sastojke, osim umaka od rajčice i nasjeckane rajčice. Mesnu smjesu podijelite na osam jednakih dijelova, svaki oblikujte u kalup za kruh. Svaki zamotajte u list kupusa, preklopite krajeve i stranice. U sporo kuhalo ulijte polovicu spojenog umaka od rajčice i nasjeckane rajčice. Dodajte sarmice, šavom prema dolje. Ulijte ostatak smjese od rajčice. Poklopite i kuhajte na laganoj vatri 6 do 8 sati.

Firentinske mesne okruglice

Ricotta sir, špinat i okusi Mediterana čine ove mesne okruglice iznimno ukusnima.

za 4 osobe

65 g / 2 ½ oz listova špinata
100 g / 4 oz ricotta sira
1 jaje
2 nasjeckana mlada luka
2 češnja češnjaka
2 žličice sušenog origana
½ žličice sušenog kopra
½ žličice svježe naribanog muškatnog oraščića
½ žličice soli
½ žličice papra
450 g / 1 funta nemasne mljevene govedine
25 g / 1 oz svježih krušnih mrvica
1 litra / 1 ¾ litre umaka za tjesteninu s biljem
225 g / 8 oz fettuccina, kuhanih, toplih

U procesoru hrane ili blenderu izmiksajte špinat, ricottu, jaja, mladi luk, češnjak, začine, sol i papar dok ne dobijete glatku smjesu. Pomiješajte s mljevenim mesom i prezlama. Od smjese oblikujte 8-12 mesnih okruglica. Pomiješajte mesne okruglice i umak od tjestenine u laganom kuhalu, prekrijte mesne okruglice umakom. Poklopite i kuhajte na laganoj vatri 5-6 sati. Poslužite na fettuccinu.

Rigatoni s mesnim okruglicama od patlidžana

Patlidžan je sastojak iznenađenja u ovim nevjerojatnim mesnim okruglicama.

za 6

Okruglice od patlidžana (vidi dolje)
700 g / 1½ lb umaka za tjesteninu iz limenke
350 g / 12 oz rigatoni ili drugi oblici tjestenine, kuhani, vrući
2-3 žlice maslinovog ulja
2 žlice ocijeđenih kapara
15 g / ½ oz nasjeckanog svježeg peršina

Pomiješajte mesne okruglice od patlidžana i umak od tjestenine u laganom kuhalu, prekrijte mesne okruglice umakom. Poklopite i kuhajte na laganoj vatri 6 do 8 sati. Prelijte rigatone uljem, kaparima i peršinom. Poslužite uz mesne okruglice i umak.

ćufte od patlidžana

Patlidžan narezan na kockice daje nevjerojatno bogatstvo ovim okruglicama na bazi mesa.

Pravi 18 mesnih okruglica

1 manji patlidžan (oko 350 g / 12 oz), narezan na kockice
700 g / 1½ lb nemasne mljevene govedine
50 g / 2 oz svježe ribanog parmezana ili romano sira
25 g / 1 oz suhih krušnih mrvica
2 jaja
1½ žličice sušenog talijanskog začina
1 žličica soli
½ žličice papra

Kuhajte patlidžan u 2 inča kipuće vode u srednje velikoj posudi dok ne omekša, oko 10 minuta. Ocijediti, ohladiti i zgnječiti. Pomiješajte patlidžan sa ostalim sastojcima za polpete. Oblikovati 18 mesnih okruglica.

Kozice s artičokama i paprikom

Artičoke i paprike česti su mediteranski partneri. Srca artičoke u konzervi zgodan su način da dodate ovo povrće nježnog okusa u svoju kuhinju.

za 4 osobe

400 g / 14 oz pripremljenog umaka od rajčice
400g / 14oz srca artičoke, ocijeđena i narezana na četvrtine
175 ml pileće ili povrtne juhe
2 glavice luka narezane na tanke ploške
½ male crvene paprike, narezane na ploške
½ male zelene paprike, narezane na ploške
1 protisnuti češanj češnjaka
350 g / 12 oz kuhanih i oguljenih srednjih kozica, odmrznutih ako su smrznute
1-2 žlice suhog šerija (po želji)
sol i svježe mljeveni crni papar po ukusu
225 g / 8 oz pennea, kuhanih, vrućih

Pomiješajte sve sastojke osim škampi, šerija, soli, papra i pennea u laganom kuhalu. Poklopite i kuhajte na laganoj vatri 5-6 sati, dodajući kozice zadnjih 10 minuta. Začinite šerijem, solju i paprom. Poslužite preko pennea.

Varivo od škampa i bamije

Ovo je super i ako vam se ne da raditi palentu ako vam se ne da poslužiti uz kuhanu rižu.

za 4 osobe

400 g / 14 oz pripremljenog umaka od rajčice
225 g / 8 oz bamije, oguljene i narezane na komade
175 ml pileće ili povrtne juhe
2 glavice luka narezane na tanke ploške
1 protisnuti češanj češnjaka
350 g / 12 oz kuhanih i oguljenih srednjih kozica, odmrznutih ako su smrznute
sol i svježe mljeveni crni papar po ukusu
Palenta
sjeckani svježi peršin, za ukrašavanje

Pomiješajte sve sastojke osim škampa, soli, papra i palente u laganom kuhalu. Poklopite i kuhajte na laganoj vatri 5-6 sati, dodajući kozice zadnjih 10 minuta. Posolite i popaprite. Poslužite preko palente i svaki dio pospite peršinom.

Kreolski škampi sa šunkom

Hrskave trakice šunke i suhog sherryja, sa shakeom Tabasca, dodaju komplementarne okuse ovom jelu od kozica.

za 6

100 g / 4 oz nemasne šunke, narezane na tanke trakice

1-2 žlice maslinovog ulja

2 konzerve nasjeckanih rajčica od 400 g / 14 oz

120 ml / 4 fl oz vode

2-3 žlice pirea od rajčice

1 glavica luka sitno nasjeckana

1 celer, sitno nasjeckan

½ crvene ili zelene paprike, sitno nasjeckane

3 češnja češnjaka nasjeckana

700 g / 1½ lb velikih sirovih kozica, oguljenih i ocijeđenih, odmrznutih ako su smrznute

2 do 4 žlice suhog šerija (po želji)

¼ – ½ žličice tabasco umaka

sol i svježe mljeveni crni papar po ukusu

100 g / 4 oz riže, kuhane, vruće

Pržite šunku u ulju u maloj tavi na srednje jakoj vatri dok ne postane zlatna i hrskava, 3 do 4 minute. Izvadite i rezervirajte. Pomiješajte rajčice, vodu, povrće i češnjak u sporom kuhalu. Poklopite i kuhajte na laganoj vatri 6 do 7 sati, dodajući sačuvanu šunku, škampe, sherry i tabasco umak tijekom zadnjih 10 minuta. Posolite i popaprite. Poslužite preko riže.

Cajun škampi, slatki kukuruz i grah

Crveni grah, kukuruz i mlijeko čine ovo izdašno jelo, začinjeno čilijem. Poslužite preko žličnjaka.

za 4 osobe

400 g / 14 oz konzerve graha, ocijeđenog i ispranog
400 g / 14 oz limenka kukuruza šećerca s vrhnjem
250 ml ribljeg ili pilećeg temeljca
1 glavica luka sitno nasjeckana
1 jalapeño ili druga srednje ljuta čili papričica, sitno nasjeckana
2 češnja češnjaka nasjeckana
1 žličica suhe majčine dušice
½ žličice sušenog origana
175 g / 6 oz brokule, u malim cvjetićima
250 ml / 8 tečnih oz punomasnog mlijeka
2 žlice kukuruznog brašna
350–450 g / 12 oz – 1 funta velikih sirovih škampi, oguljenih i ocijeđenih, odmrznutih ako su zamrznuti
sol i tabasco umak po ukusu

Pomiješajte grah, kukuruz, juhu, luk, čili, češnjak i začinsko bilje u laganom kuhalu. Poklopite i kuhajte na laganoj vatri 6 do 7 sati, dodajući brokulu tijekom zadnjih 20 minuta. Dodajte pomiješano mlijeko i kukuruznu krupicu, miješajte 2-3 minute. Dodajte kozice. Kuhajte 5 do 10 minuta. Začinite solju i tabasco umakom.

Gumbo od kozica i kobasica

Bamija zgušnjava gumbo i daje mu poseban kreolski okus.

za 4 osobe

2 konzerve rajčice od 400 g / 14 oz
100 g / 4 oz dimljene kobasice, debelo narezane
1 velika crvena paprika, sitno nasjeckana
1 protisnuti češanj češnjaka
prstohvat zdrobljenih pahuljica čilija
225 g / 8 oz bamije, oguljene i narezane
350 g / 12 oz kuhanih i oguljenih srednjih kozica, odmrznutih
ako su smrznute
soli po ukusu
75 g / 3 oz riže, kuhane, vruće

Pomiješajte sve sastojke osim bamije, škampa, soli i riže u laganom kuhalu. Poklopite i kuhajte na laganoj vatri 6-7 sati, dodajući bamiju zadnjih 30 minuta i škampe zadnjih 10 minuta. Posolite. Poslužite preko riže.

Tjestenina sa svježim rajčicama i umakom od začinskog bilja

U ovom jelu uživajte kada su domaće ili domaće rajčice na vrhuncu zrelosti.

za 6

1 kg / 2¼ lb rajčice, nasjeckane
1 glavica luka sitno nasjeckana
120 ml / 4 fl oz suhog crnog vina ili vode
2 žlice pirea od rajčice
6 velikih režnjeva češnjaka, nasjeckanih
1 žlica šećera
2 lista lovora
2 žličice sušenog bosiljka
1 žličica suhe majčine dušice
prstohvat zdrobljenih pahuljica čilija
soli po ukusu
350 g / 12 oz ravne ili oblikovane tjestenine, kuhane, vruće

Pomiješajte sve sastojke osim soli i tjestenine u laganom kuhalu. Poklopite i kuhajte na laganoj vatri 6 do 7 sati. Ako više volite gušću konzistenciju, zadnjih 30 minuta kuhajte nepoklopljeno na visokoj temperaturi. Posolite i poslužite umak preko tjestenine.

Rižoto od zimnice

Arborio riža je riža kratkog zrna koja se uzgaja u regiji Arborio u Italiji. Posebno je pogodan za pripremu rižota, jer se skuha izvrsno kremasto.

za 4 osobe

750 ml / 1¼ litre temeljca od povrća
1 manja glavica luka nasjeckana
3 češnja češnjaka nasjeckana
75 g / 3 oz smeđih ili gumbastih gljiva, narezanih na ploške
1 žličica sušenog ružmarina
1 žličica suhe majčine dušice
350 g / 12 oz arborio riže
100 g male prokulice, prepolovljene
175 g / 6 oz slatkog krumpira, oguljenog i narezanog na kockice
25 g / 1 oz svježe ribanog parmezana
sol i svježe mljeveni crni papar po ukusu

Zakuhajte juhu u malom loncu. Ulijte u sporo kuhalo. Dodajte ostale sastojke osim parmezana, sol i papar. Poklopite i kuhajte na jakoj vatri dok riža ne postane al dente i tekućina gotovo ne upije, oko 1¼ sata (pažljivo pazite da se riža ne prekuha). Dodajte sir. Posolite i popaprite.

Rižoto od vrganja

Sušeni vrganji praktična su namirnica u trgovačkom ormariću. Traju godinama, zauzimaju vrlo malo prostora i brzo vraćaju punu snagu okusa nakon namakanja.

za 4 osobe

10 g / ¼ oz suhih vrganja ili drugih suhih gljiva
250 ml / 8 fl oz kipuće vode
500 ml juhe od povrća
1 manja glavica luka nasjeckana
3 češnja češnjaka nasjeckana
350 g / 12 oz arborio riže
½ žličice sušene kadulje
½ žličice suhe majčine dušice
100g/4oz smrznutih petits pois, odmrznutih
1 manja rajčica, nasjeckana
50 g / 2 oz svježe ribanog parmezana
sol i svježe mljeveni crni papar po ukusu

Gljive stavite u zdjelu i prelijte kipućom vodom. Pustite da odstoji dok ne omekša, oko 15 minuta. Ocijedite, sačuvajte tekućinu. Zakuhajte juhu u malom loncu. Ulijte u lonac za lagano kuhanje i dodajte 250 ml / 8 fl oz vode koju ste odvojili za namakanje gljiva. Dodajte ostale sastojke, osim graška, rajčicu, parmezan te sol i papar. Poklopite i kuhajte na jakoj vatri dok riža ne postane al dente i tekućina gotovo ne upije, oko 1¼ sata, dodajući grašak i rajčicu tijekom zadnjih 15 minuta (pažljivo pazite da se riža ne prekuha). Dodajte sir. Posolite i popaprite.

Rižoto od brokule i pinjola

Pinjole možete tostirati na suhoj tavi, miješajući ih dok lagano ne porumene, ali pazite na njih jer lako zagore.

za 4 osobe

750 ml / 1¼ litre temeljca od povrća
1 manja glavica luka nasjeckana
3 češnja češnjaka nasjeckana
350 g / 12 oz arborio riže
1 žličica sušenog talijanskog začina
175 g malih cvjetića brokule
40 g / 1½ oz grožđica
25 g / 1 oz prženih pinjola
50 g / 2 oz svježe ribanog parmezana
sol i svježe mljeveni crni papar po ukusu

Zakuhajte juhu u malom loncu. Ulijte u sporo kuhalo. Dodajte luk, češnjak, rižu i začinsko bilje. Poklopite i kuhajte na jakoj vatri dok riža ne postane al dente i tekućina gotovo ne upije, oko 1¼ sata, dodajući brokulu, grožđice i pinjole tijekom zadnjih 20 minuta (pažljivo pazite da se riža ne prekuha). Dodajte sir. Posolite i popaprite.

Risi Bisi

Mišljenja su različita je li Risi Bisi rižoto ili gusta juha. Ako se slažete s posljednjom definicijom, upotrijebite dodatnih 120-250 ml / 4-8 fl oz juhe kako biste smjesu doveli do konzistencije guste juhe.

za 4 osobe

750 ml / 1¼ litre temeljca od povrća
1 manja glavica luka nasjeckana
3 češnja češnjaka nasjeckana
350 g / 12 oz arborio riže
2 žličice sušenog bosiljka
225g/8oz smrznutih petits pois, odmrznutih
50 g / 2 oz svježe ribanog parmezana
sol i svježe mljeveni crni papar po ukusu

Zakuhajte juhu u malom loncu. Ulijte u sporo kuhalo. Dodajte preostale sastojke osim graška, parmezana, sol i papar. Poklopite i kuhajte na jakoj vatri dok riža ne postane al dente i tekućina gotovo ne upije, oko 1¼ sata, dodajući grašak tijekom zadnjih 15 minuta (pažljivo pazite da se riža ne prekuha). Dodajte sir. Posolite i popaprite.

Ljetni rižoto od povrća

Ako imate vrt, ovaj recept će najbolje iskoristiti vaše prekrasne ljetne proizvode.

za 4 osobe

750 ml / 1¼ litre temeljca od povrća
4 mlada luka, narezana na ploške
3 češnja češnjaka nasjeckana
200 g rajčice šljive, nasjeckane
1 žličica sušenog ružmarina
1 žličica suhe majčine dušice
350 g / 12 oz arborio riže
250 g tikvica, narezanih na kockice
250 g tikvica ili žute tikve, narezane na kockice
25 g / 1 oz svježe ribanog parmezana
sol i svježe mljeveni crni papar po ukusu

Zakuhajte juhu u malom loncu. Ulijte u sporo kuhalo. Dodajte ostale sastojke osim parmezana, sol i papar. Poklopite i kuhajte na jakoj vatri dok riža ne postane al dente i tekućina gotovo ne upije, oko 1¼ sata (pažljivo pazite da se riža ne prekuha). Dodajte sir. Posolite i popaprite.

Pita od jaja s gljivama i bosiljkom

Napravite ovu slanu pitu, koja je kao quiche bez kore, za lagani ručak ili užinu.

za 4 osobe

5 jaja
25 g višenamjenskog brašna
1/3 žličice praška za pecivo
¼ žličice soli
¼ žličice papra
225 g / 8 oz naribanog Monterey Jack sira ili blagog cheddar sira
225 g / 8 oz svježeg sira
75 g / 3 oz šampinjona, narezanih
¾ žličice sušenog bosiljka
ulje, za podmazivanje

Pjenasto umutite jaja u velikoj zdjeli. Pomiješajte brašno, prašak za pecivo, sol i papar. Preostale sastojke pomiješajte i ulijte u podmazan štednjak. Poklopite i kuhajte na laganoj vatri dok se ne stegne, oko 4 sata. Poslužite iz sporog štednjaka ili izvadite lonac, ostavite da odstoji na rešetki 5 minuta i preokrenite na tanjur za posluživanje.

Napomena: Ovo jelo se može pripremati iu posudi za souffle od 1l ili limu. Stavite na rešetku u sporo kuhalo od 5,5 litara / 9½ pint i kuhajte dok se ne stegne, oko 4½ sata.

Pečeno povrće na roštilju

Smrznuto povrće na žaru, mješavina crvene i žute paprike na žaru, tikvica i patlidžana, savjet je Catherine Atkinson za ovaj recept.

za 4 osobe

omekšali maslac ili suncokretovo ulje, za podmazivanje
175g / 6oz smrznutog pečenog povrća, odmrznuto
1 jaje
1,5 ml dijon senfa
150 ml / ¼ litre mlijeka
2 žlice mljevenih badema
15 ml svježih bijelih krušnih mrvica
50 g / 2 oz naribanog Gruyère sira
sol i svježe mljeveni crni papar
25 g / 1 oz badema u listićima
ciabatta ili focaccia kruh, za posluživanje

Na dno keramičkog lonca stavite naopako okrenutu posudu ili metalni štapić. Ulijte oko 5 cm / 2 inča vrlo vruće (ne kipuće) vode, a zatim uključite sporo kuhalo na nisku razinu. Okrugli lim promjera 13 do 15 cm namastite maslacem ili uljem. Stavite povrće na tanjur. Umutiti jaja i senf pa dodati mlijeko, mljevene bademe, prezle i sir. Posolite i popaprite pa pažljivo prelijte preko povrća. Pustite smjesu da odstoji oko minutu, a zatim posipajte bademe u listićima po vrhu. Pleh prekrijte prozirnom folijom ili lagano nauljenom aluminijskom folijom i stavite na jelo ili pecivo u loncu. Ulijte toliko kipuće vode da dođe do polovice ruba tanjura.

Poklopite i kuhajte 2-4 sata ili dok povrće ne omekša i smjesa se malo drži (provjerite tako da zabodete tanki nož ili ražanj u sredinu, treba biti vruće i mora biti malo tekućine). Poslužite toplo uz ciabattu ili focaccia kruh.

lazanje na zalihi

Lazanje je lako napraviti s pripremljenim umakom i listovima za lazanje spremnim za pečenje koje nije potrebno prethodno kuhati. Ove su lazanje delikatne teksture i bogatog okusa.

za 6

700 g / 1½ lb pripremljenog umaka za tjesteninu od rajčice i bosiljka
8 listova lazanja bez prethodnog kuhanja
550 g / 1¼ lb ricotta sira
275 g / 10 oz mozzarella sira, naribanog
1 jaje
1 žličica sušenog bosiljka
25 g / 1 oz svježe ribanog parmezana

Nanesite 75 g umaka na dno kalupa za kruh veličine 23 x 13 cm / 9 x 5. Na vrh stavite list za lazanje i 75 g ricotta sira i 40 g / 1½ oz mozzarelle sira. Ponovite slojeve, završite s umakom od 75g/3oz na vrhu. Pospite parmezanom. Stavite staklenku na rešetku u sporo kuhalo od 5,5 litara / 9½ pinta. Poklopite i kuhajte na laganoj vatri 4 sata. Izvadite staklenku i ostavite da se ohladi na rešetki 10 minuta. Lazanje mogu izgledati udubljene u sredini, ali će se izgladiti dok se hlade.

Salata od tjestenine s patlidžanom

Balzamični ocat i limunov sok daju posebnu notu ovom ljetnom jelu od tjestenine. Poslužite toplo ili na sobnoj temperaturi.

za 6

1 patlidžan, oko 450 g / 1 lb
200 g / 7 oz rajčica, grubo nasjeckanih
3 mlada luka, narezana na ploške
2 žlice balzamičnog octa ili octa od crnog vina
1 žlica maslinovog ulja
1-2 žličice soka od limuna
sol i svježe mljeveni crni papar
350 g špageta od cjelovitog zrna pšenice, kuhanih na sobnoj temperaturi
50 g / 2 oz svježe ribanog parmezana

Patlidžan izbockajte šest do osam puta vilicom i stavite u sporo kuhalo. Poklopite i pirjajte dok ne omekša, oko 4 sata. Ostavite dok se dovoljno ne ohladi za rukovanje. Prerežite patlidžan na pola. Uklonite pulpu i narežite na komade od 2 cm/¾. Pomiješajte patlidžan, rajčicu, luk, ocat, ulje i limunov sok. Posolite i popaprite. Pomiješajte s tjesteninom i parmezanom.

Tjestenina od povrća sa začinima

Ova tjestenina ima prekrasan meksički okus.

Poslužuje se od 6 do 8

6 konzervi nasjeckanih rajčica od 400 g / 14 oz
400 g / 14 oz konzerve graha, ocijeđenog i ispranog
175 g / 6 oz pirea od rajčice
175 ml / 6 tečnih oz piva ili vode
350 g / 12 oz Quorn ili goveđeg sojinog mljevenog mesa
2 kosana luka
1 zelena paprika, nasjeckana
2 češnja češnjaka nasjeckana
1 žlica svijetlo smeđeg šećera
1 žlica kakaa u prahu
1-2 žlice čilija u prahu
1-2 žličice mljevenog kumina
1-2 žličice sušenog origana
¼ žličice mljevenog klinčića
175 g kuhanih laktanih makarona
sol i svježe mljeveni crni papar

Pomiješajte sve sastojke osim makarona, soli i papra u loncu za sporo kuhanje od 5,5 litara. Poklopite i kuhajte na laganoj vatri 6 do 8 sati, dodajte makarone u zadnjih 30 minuta. Posolite i popaprite.

Welsh Rarebit

Ova ljuta mješavina sireva s okusom piva također je ukusna poslužena na kriškama šunke ili pilećih prsa i šparogama na tostu.

za 6

225 g / 8 oz nasjeckanog cheddar sira
225 g / 8 oz mekog sira, na sobnoj temperaturi
250 ml piva
½ žličice suhe gorušice u prahu
½ žličice vegetarijanskog worcestershire umaka ili umaka od gljiva
kajenski papar, po ukusu
6 šnita prepečenog kruha sa više žitarica
12 kriški rajčice
nasjeckane paprike i vlasac, za ukrašavanje

Pomiješajte sireve, pivo, senf i Worcestershire umak u laganom kuhalu. Poklopite i pirjajte dok se sirevi ne otope, oko 2 sata, uz dva puta miješajući tijekom kuhanja. Začinite kajenskim paprom. Tostirani kruh stavite na tanjur za posluživanje. Povrh stavite narezane rajčice i prelijte smjesom na vrh. Pospite paprikom i nasjeckanim vlascem.

Varivo od makarona i rajčice

Uvijek popularno među djecom, ovo kremasto jelo od tjestenine ukusna je ugodna hrana.

za 6

225 g malih kuhanih makarona
450 g / 1 lb nasjeckanih rajčica, ocijeđenih
1 kosani luk
450 ml / ¾ litre evaporiranog mlijeka
1 žlica kukuruznog brašna
3 jaja, lagano tučena
50 g / 2 oz svježe ribanog parmezana
½ žličice mljevenog cimeta
½ žličice svježe naribanog muškatnog oraščića
½ žličice soli
paprika, za ukrašavanje

Pomiješajte makarone, rajčice i luk u laganom kuhalu. Pomiješajte ostale sastojke osim paprike i prelijte preko smjese za makarone. Poklopite i kuhajte dok se krema ne stegne, oko 3 sata. Pospite paprikom.

Penne s četiri sira

Mozzarella, cheddar, plavi sir i parmezan čine ovo ukusnom kombinacijom sira i tjestenine.

Za 8 porcija

750 ml / 1 ¼ litre punomasnog mlijeka
75 g višenamjenskog brašna
50 g / 2 oz naribane mozzarelle
50 g ribanog cheddar sira
100 g / 4 oz plavog sira, izmrvljenog
50 g / 2 oz svježe ribanog parmezana
450 g / 1 lb pennea, kuhanih al dente

Pomiješajte mlijeko i brašno u glatku smjesu u velikoj zdjeli. Dodajte preostale sastojke osim 15 g/½ oz parmezana i tjestenine. Dodajte tjesteninu i ulijte smjesu u sporo kuhalo. Pospite preostalim parmezanom. Poklopite i kuhajte na laganoj vatri 3 sata.

Varivo od povrća za sve sezone

Za ovu zdravu mješavinu povrća koristite bilo koje sezonsko povrće.

za 4 osobe

375 ml juhe od povrća
2 srednje rajčice, nasjeckane
225 g / 8 oz grah, prepolovljen
225 g / 8 oz malih mladih krumpira, prepolovljenih
2 manje mrkve, narezane na ploške
2 repe, narezane na ploške
4 mlada luka, narezana na ploške
½ žličice sušenog mažurana
¼ žličice suhe majčine dušice
4 kriške vegetarijanske slanine, pržene dok ne postanu hrskave i mrvičaste
100g / 4oz smrznutog graška, odmrznutog
6 srca artičoke, narezanih na četvrtine
8 komada šparoga, narezanih na kratke komade (5 cm / 2 inča)
2 žlice kukuruznog brašna
50 ml / 2 tečne oz vode
sol i svježe mljeveni crni papar po ukusu

75 g / 3 oz riže, kuhane, vruće

Pomiješajte sve sastojke osim komadića povrća, graška, srca artičoka, šparoga, kukuruznog škroba, vode, soli, papra i riže u laganom kuhalu. Pokrijte i kuhajte na laganoj vatri 6 do 7 sati, dodajući komadiće, grašak, srce artičoke i šparoge u zadnjih 30 minuta. Dodajte pomiješano kukuruzno brašno i vodu, miješajte 2-3 minute. Posolite i popaprite. Poslužite preko riže.

čili sa stavom

U ovoj vegetarijanskoj verziji recepta iz Cincinnatija, čili od leće začinjen je začinima i kakaom i poslužen preko špageta.

za 6

450 ml / ¾ litre juhe od povrća

400g / 14oz limenke nasjeckane rajčice

75 g sušene crvene leće

1 kosani luk

3 češnja češnjaka nasjeckana

1 žličica maslinovog ulja

½ – 1 žlica čilija u prahu

1 žlica kakaa u prahu

½ žličice mljevenog cimeta

¼ žličice mljevene pimente

sol i svježe mljeveni crni papar po ukusu

350 g / 12 oz linguina, kuhanog, toplog

Dodaci: mahune, nasjeckani luk i paprika, ribani cheddar sir

Pomiješajte sve sastojke osim soli, papra i linguina u laganom kuhalu. Poklopite i kuhajte na laganoj vatri 6 do 8 sati. Ako više volite gušću konzistenciju, zadnjih 30 minuta kuhajte nepoklopljeno na visokoj temperaturi. Posolite i popaprite. Poslužite preko linguina s ukrasom po izboru.

Miješano povrće s Cobbler Chili preljevom

Ovo je recept za čili, ali može i bez njega. Poblano papričice su dosta blage, ali ovaj recept sadrži i čili u prahu pa pripazite koliko ćete dodati ako ne volite preljuto.

za 6

2 konzerve nasjeckanih rajčica od 400 g / 14 oz
400g / 14oz limenke crnog graška, ocijeđenog i ispranog
400 g / 14 oz konzerve graha, ocijeđenog i ispranog
4 kosana luka
250 g tikvica ili butternut tikve, oguljenih i narezanih na kockice
1-3 poblano ili blaga čilija, grubo nasjeckana
1 crvena paprika, grubo nasjeckana
1 žuta paprika, grubo nasjeckana
3 češnja češnjaka nasjeckana
1-3 žlice čilija u prahu ili po ukusu
1½ – 2 žličice mljevenog kumina
¾ žličice sušenog origana
¾ žličice sušenog mažurana
100g/4oz bamije, oguljene i prepolovljene
sol i svježe mljeveni crni papar po ukusu
3 velike kiflice, prepolovljene

Čili prah

50 g ribanog cheddar sira

Pomiješajte sve sastojke osim bamije, soli, papra, peciva, čilija u prahu i sira u loncu za sporo kuhanje od 5,5 litre / 9½ pinta. Pokrijte i kuhajte na laganoj vatri 6 do 8 sati, dodajući bamiju tijekom zadnjih 30 minuta. Posolite i popaprite.
Stavite kiflice, prerezane strane prema dolje, na vrh smjese. Pospite čilijem u prahu i sirom. Poklopite i pirjajte dok se sir ne otopi, oko 5 minuta.

Voćnjak

Ovo šareno varivo poslužuje se preko svježeg prosa ili kus-kusa.

za 4 osobe

450 ml / ¾ litre juhe od povrća
225 g gljiva, narezanih na ploške
225 g / 8 oz cvjetače, u cvjetićima
225 g krumpira narezanog na kockice
2 glavice luka, narezane na kriške
2 rajčice, izrezane na kriške
2 češnja češnjaka nasjeckana
1 žličica suhe majčine dušice
1 list lovora
2 manje tikvice, narezane na ploške
sol i svježe mljeveni crni papar po ukusu
175 g prosa ili kus-kusa, kuhanog, vrućeg

Pomiješajte sve sastojke osim tikvica, sol, papar i proso ili kus-kus u laganom kuhalu. Poklopite i kuhajte na laganoj vatri 6 do 8 sati, dodajući tikvice tijekom zadnjih 30 minuta. Odbacite lovorov list, začinite solju i paprom i poslužite preko prosa ili kus-kusa u plitkim zdjelicama.

Pšenične bobice s lećom

Pšenične bobice i leća kombiniraju se s krumpirom i povrćem kako bi napravili izdašan i zdrav obrok.

Za 8 porcija

750 ml / 1¼ litre temeljca od povrća
100 g / 4 oz pšeničnih bobica
75 g / 3 oz sušene smeđe ili zelene leće
700 g / 1½ lb brašnastog krumpira, neoguljenog i narezanog na kockice
2 kosana luka
1 narezana mrkva
1 celer, narezan na ploške
4 češnja češnjaka nasjeckana
1 žličica osušene mješavine bilja
sol i svježe mljeveni crni papar po ukusu

Pomiješajte sve sastojke osim soli i papra u laganoj posudi. Poklopite i kuhajte na laganoj vatri 6 do 8 sati. Posolite i popaprite.

slatke i kisele tikve s krumpirom

Jabukovača i med te jabuka i batat daju ovom domaćem povrtnom varivu osvježavajući slatko-kiseli okus.

za 6

400g / 14oz limenke nasjeckane rajčice
250 ml jabukovače
500g / 18oz butternut tikve, oguljene i narezane na kockice
500 g / 18 oz brašnastih krumpira
350 g / 12 oz slatkog krumpira, oguljenog i narezanog na kockice
2 oštre zelene jabuke za jelo, neoguljene i narezane na kriške
175 g kukuruza šećeraca
150 g sitno sjeckane ljutike
½ nasjeckane crvene paprike
2 češnja češnjaka nasjeckana
1½ žlice meda
1½ žlice jabukovače octa
1 list lovora
¼ žličice svježe naribanog muškatnog oraščića
2 žlice kukuruznog brašna
50 ml / 2 tečne oz vode
sol i svježe mljeveni crni papar po ukusu

100 g / 4 oz basmati riže ili jasmin riže, kuhane, vruće

Pomiješajte sve sastojke osim kukuruznog brašna, vode, soli, papra i riže u loncu za sporo kuhanje od 5,5 litara. Poklopite i kuhajte na laganoj vatri 6 do 8 sati. Pojačajte vatru i kuhajte 10 minuta. Dodajte pomiješano kukuruzno brašno i vodu, miješajte 2-3 minute. Bacite lovorov list. Posolite i popaprite. Poslužite preko riže.

Šumske gljive s Cannellinijem

Tri ukusne vrste svježih gljiva čine ovo jelo nevjerojatno bogatim. Sušene gljive, omekšane u vreloj vodi, mogu zamijeniti neke od svježih gljiva za još više bogatstva.

za 6

3400 g / 14 oz limenke cannellini graha, ocijeđenog i ispranog
250 ml juhe od povrća
120 ml suhog bijelog vina ili juhe od povrća
225 g / 8 oz portabella gljiva, nasjeckanih
175 g / 6 oz shiitake gljiva, narezanih
225 g smeđih ili dugućastih gljiva, narezanih na ploške
100 g poriluka (samo bijeli dijelovi), narezanog na ploške
1 crvena paprika, nasjeckana
1 kosani luk
3 velika režnja češnjaka, nasjeckana
½ žličice sušenog ružmarina
½ žličice timijana
¼ žličice nasjeckanih pahuljica čilija
300 g blitve ili špinata narezanog na ploške
sol i svježe mljeveni crni papar po ukusu
Palenta

Pomiješajte sve sastojke osim blitve, soli, papra i palente u loncu za sporo kuhanje od 5,5 litara. Poklopite i kuhajte na laganoj vatri 6 do 7 sati, zadnjih 15 minuta dodajte blitvu. Posolite i popaprite. Poslužite preko palente.

Varivo od povrća s bugarskom

Hranjivi bulgar pomaže zgusnuti ovu blago pikantnu mješavinu gljiva, gomolja i paprike. Poslužite s toplim kruhom od parmezana.

za 4 osobe

400g / 14oz limenke nasjeckane rajčice

250 ml / 8 fl oz začinjenog soka od rajčice

2 veće mrkve narezane na deblje ploške

225 g smeđih šampinjona, prepolovljenih

175 g / 6 oz brašnastih krumpira, neoguljenih i nasjeckanih

2 kosana luka

1 crvena paprika, deblje narezana

1 zelena paprika babura, deblje narezana

2-3 češnja češnjaka nasjeckana

50g / 2oz bugarskog

1 žličica suhe majčine dušice

1 žličica sušenog origana

2 tikvice narezane na kockice

1 žuta tikva narezana na kockice ili odrezak tikve

sol i svježe mljeveni crni papar po ukusu

Pomiješajte sve sastojke osim tikvica, tikvica, soli i papra u laganom kuhalu. Poklopite i kuhajte na visokoj temperaturi 4-5 sati, dodajući tikvice i tikvicu tijekom zadnjih 30 minuta. Posolite i popaprite.

Leća od češnjaka s povrćem

Ovo varivo od leće začinjeno je čili papričicom, đumbirom i puno češnjaka. Jako je ljuto, ali začine možete prilagoditi svojim željama. Međutim, zapamtite da se okusi stapaju dok se gulaš kuha.

Za 8 porcija

450 ml / ¾ litre juhe od povrća

8 malih krumpira narezanih na kockice

6 glavica luka narezanih na ploške

600 g / 1 lb 6 oz rajčica, nasjeckanih

225 g / 8 oz mrkve, nasjeckane

225 g / 8 oz graha

75 g / 3 oz sušene smeđe ili zelene leće

1 do 4 mala jalapeña ili druge blago ljute papričice, zgnječene u pastu ili 1 do 2 žličice kajenskog papra

2,5 cm / 1 komad svježeg korijena đumbira, sitno naribanog

1 štapić cimeta

10 češnjeva češnjaka

6 cijelih klinčića

6 zgnječenih mahuna kardamoma

1 žličica mljevene kurkume

½ žličice zdrobljene suhe metvice
225g / 8oz smrznutog graška, odmrznutog
soli po ukusu
100g / 4oz kus-kusa namočenog, vrućeg
prirodni jogurt, za dekoraciju

Pomiješajte sve sastojke osim graška, soli i kus-kusa u loncu za sporo kuhanje od 5,5 litara. Poklopite i kuhajte na laganoj vatri 6 do 8 sati, dodajući grašak tijekom zadnjih 15 minuta. Posolite. Poslužite preko kus-kusa i ukrasite žlicama jogurta.

Leća sa začinjenim kus-kusom

Zemljana smeđa leća savršeno se kuha u sporom kuhalu.

za 6

400g / 14oz limenke nasjeckane rajčice
750 ml / 1¼ litre temeljca od povrća
350 g / 12 oz sušene smeđe leće
2 kosana luka
1 nasjeckana crvena ili zelena paprika
1 veća stapka celera, nasjeckana
1 velika mrkva, nasjeckana
1 protisnuti češanj češnjaka
1 žličica sušenog origana
½ žličice mljevene kurkume
sol i svježe mljeveni crni papar po ukusu
Začinjeni kus-kus (vidi dolje)

Pomiješajte sve sastojke osim soli, papra i kus-kusa u loncu za sporo kuhanje od 5,5 litara. Poklopite i kuhajte na laganoj vatri 6 do 8 sati. Posolite i popaprite. Poslužite preko začinjenog kus-kusa.

začinjeni kus-kus

Kuskus je također dobar dodatak švedskom stolu ili pikniku.

za 6

2 mlada luka, narezana na ploške
1 protisnuti češanj češnjaka
¼ žličice nasjeckanih pahuljica čilija
½ žličice mljevene kurkume
1 žličica maslinovog ulja
300 ml temeljca od povrća
175 g kus-kusa

Pirjajte luk, češnjak, čili pahuljice i kurkumu na ulju u srednjoj tavi dok luk ne omekša, oko 3 minute. Dodajte juhu. Zagrijte do vrenja. Dodajte kus-kus. Maknite s vatre i ostavite poklopljeno 5 minuta ili dok se juha ne upije.

Varivo od crnog graha i povrća

Pire od zelenih mahuna savršen je za zgušnjavanje ovog jela.

za 6

375 ml juhe od povrća
400 g / 14 oz konzerve crnog graha, ispranog i ocijeđenog
400 g / 14 oz limenke zelenog graha, pasiranog
400 g / 14 oz rajčice, nasjeckane
130 g / 4½ oz gljiva, narezanih
1 narezana tikvica
1 narezana mrkva
1 kosani luk
3 češnja češnjaka nasjeckana
2 lista lovora
¾ žličice suhe majčine dušice
¾ žličice sušenog origana
100g / 4oz smrznutog graška, odmrznutog
sol i svježe mljeveni crni papar po ukusu
275 g rezanaca, kuhanih, vrućih

Pomiješajte sve sastojke osim graška, soli, papra i rezanaca u laganom kuhalu. Poklopite i kuhajte na visokoj temperaturi 4-5 sati, dodajući grašak tijekom zadnjih 15 minuta. Odbacite lovorov list. Posolite i popaprite. Poslužite preko rezanaca.

Varivo od graha i bundeve

Ovo jelo od crvenog graha s butternut tikvom sporo se kuha u ukusno jelo. Poslužite uz kruh s mlaćenicom.

za 6

2 konzerve nasjeckanih rajčica od 400 g / 14 oz
400 g / 14 oz konzerve graha, ocijeđenog i ispranog
400g / 14oz limenke maslaca graha, ocijeđenog i ispranog
350 g / 12 oz tikvica ili butternut tikve, oguljene i narezane na kockice
3 kosana luka
1½ zelene paprike, nasjeckane
2 češnja češnjaka, po mogućnosti pečena, nasjeckana
½ – ¾ žličice začina od sušenog talijanskog bilja
sol i svježe mljeveni crni papar po ukusu

Pomiješajte sve sastojke osim soli i papra u laganoj posudi. Poklopite i kuhajte na visokoj temperaturi 4 do 5 sati. Posolite i popaprite.

Kremasti grah i žitarice sa špinatom

Topli hrskavi kruh bio bi savršen prilog ovom izdašnom jelu od slanutka i graha.

za 6

2,25 litara / 4 litre juhe od povrća
75g / 3oz sušenog slanutka, ocijeđenog i ispranog
75 g / 3 oz graha, ocijeđenog i ispranog
1 mrkva, tanko narezana
50 g / 2 oz bisernih zrnaca
175 g krumpira narezanog na kockice
1 tikvica narezana na kockice
1 narezani luk
2 češnja češnjaka nasjeckana
25 g / 1 oz kuhanih makarona, kuhanih
150 g / 5 oz špinata, narezanog na ploške
2-4 žlice soka od limuna
sol i svježe mljeveni crni papar po ukusu

Pomiješajte sve sastojke osim makarona, špinata, limunovog soka, soli i papra u loncu za sporo kuhanje od 5,5 litara. Poklopite i pirjajte dok grah ne omekša, 6 do 8 sati, dodajući makarone i špinat tijekom zadnjih 20 minuta. Začinite limunovim sokom, soli i paprom.

Varivo od slatkog graha

Jabukovača, slatki krumpir i grožđice daju ovom jelu od pinto graha slatkoću koja se dobro slaže s paprikom i začinima. Poslužite sa žlicom za kruh.

Za 8 porcija

3400 g / 14 oz konzerve pinto graha, ocijeđenog i ispranog
2 konzerve rajčice od 400 g / 14 oz s čilijem, nasjeckane, sa sokom
175 ml jabukovače
2 crvene ili zelene paprike, nasjeckane
3 kosana luka
250g / 9oz slatkog krumpira, oguljenog i narezanog na kockice
175 g / 6 oz tikvica
2 češnja češnjaka nasjeckana
2 žličice čilija u prahu
1 žličica kima, lagano zgnječenog
½ žličice mljevenog cimeta
75 g / 3 oz grožđica
sol i svježe mljeveni crni papar po ukusu

Pomiješajte sve sastojke osim grožđica, soli i papra u loncu za sporo kuhanje od 5,5 litara. Poklopite i kuhajte na laganoj vatri 6 do 8 sati, dodajući grožđice tijekom zadnjih 30 minuta. Posolite i popaprite.

Lonac s crnim grahom i špinatom

Količina čilija i svježeg đumbira u ovom bogato začinjenom jelu može se smanjiti ako želite manje topline.

Za 8 porcija

3400 g / 14 oz limenka crnog graha, ocijeđenog i ispranog

400g / 14oz limenke nasjeckane rajčice

2 kosana luka

1 crvena paprika narezana na kockice

1 tikvica narezana na kockice

1-2 jalapeñosa ili druge paprike srednje veličine, sitno nasjeckane

2 češnja češnjaka nasjeckana

2,5 cm / 1 komad svježeg korijena đumbira, sitno naribanog

1-3 žličice čilija u prahu

1 žličica mljevenog kima

½ žličice kajenskog papra

225 g / 8 oz špinata, narezanog

soli po ukusu

100 g / 4 oz riže, kuhane, vruće

Pomiješajte sve sastojke osim špinata, soli i riže u laganom kuhalu. Poklopite i kuhajte na laganoj vatri 6 do 7 sati, dodajući špinat tijekom zadnjih 15 minuta. Posolite. Poslužite preko riže.

Slatko, ljuto i začinjeno povrće i grah

Slatki začini i vatreni čili tako se dobro slažu u ovoj tepsiji s nadjevom.

za 6

2 konzerve nasjeckanih rajčica od 400 g / 14 oz
400g / 14oz limenke crnog graha, ocijeđenog i ispranog
400 g / 14 oz limenke pinto graha, ocijeđenog i ispranog
375 ml juhe od povrća
6 narezanih mrkvi
6 voštanih krumpira, neoguljenih i narezanih na kockice
3 kosana luka
1-3 žličice serrano ili druge ljute papričice, sitno nasjeckane
2 češnja češnjaka nasjeckana
1½ žličice sušenog origana
¾ žličice mljevenog cimeta
½ žličice mljevenog klinčića
1 list lovora
1 žlica crvenog vinskog octa
sol i svježe mljeveni crni papar po ukusu

Pomiješajte sve sastojke osim soli i papra u loncu za sporo kuhanje od 5,5 litara. Poklopite i kuhajte na laganoj vatri 6 do 8 sati. Bacite lovorov list. Posolite i popaprite.

Zimski grah s korijenom

Crni grah i grah s maslacem ovdje se kuhaju s korjenastim povrćem kako bi se napravilo zasitno jelo koje se može poslužiti uz zdrav kruh s češnjakom.

za 6

400g / 14oz limenke crnog graha, ocijeđenog i ispranog

400g / 14oz limenke maslaca graha, ocijeđenog i ispranog

375 ml juhe od povrća

2 kosana luka

175 g / 6 oz pobrašnjenog krumpira, oguljenog i narezanog na kockice

175 g / 6 oz slatkog krumpira, oguljenog i narezanog na kockice

1 veća rajčica, izrezana na kriške

1 narezana mrkva

65 g / 2½ oz pastrnjaka, narezanog

½ nasjeckane zelene paprike

2 češnja češnjaka nasjeckana

¾ žličice sušene kadulje

2 žlice kukuruznog brašna

50 ml / 2 tečne oz vode

sol i svježe mljeveni crni papar po ukusu

Pomiješajte sve sastojke osim kukuruznog brašna, vode, soli i papra u laganom kuhalu. Poklopite i kuhajte na laganoj vatri 6 do 7 sati. Dodajte pomiješano kukuruzno brašno i vodu, miješajte 2-3 minute. Posolite i popaprite.

Začinjeni tofu s povrćem

Kumin i majčina dušica daju okus ovoj mješavini tofua, krumpira, mrkve i špinata. Tempeh također dobro funkcionira u ovoj kombinaciji i, poput tofua, zdrava je proteinska opcija.

za 4 osobe

1 litra / 1¾ litre Bogat temeljac od gljiva ili povrća
275 g / 10 oz čvrstog tofua, narezanog na kockice (1 cm / ½ inča)
350g/12oz voštanih krumpira, oguljenih i narezanih na ploške
2 veće mrkve, narezane na ploške
1 narezani luk
1 celer, narezan na ploške
3 češnja češnjaka nasjeckana
1 list lovora
1 žličica mljevenog kima
½ žličice suhe majčine dušice
275 g / 10 oz smrznutog nasjeckanog špinata, odmrznutog
15 g / ½ oz svježeg peršina, sitno nasjeckanog
sol i svježe mljeveni crni papar po ukusu

Pomiješajte sve sastojke osim špinata, peršina, soli i papra u laganom kuhalu. Poklopite i kuhajte na laganoj vatri 6 do 7 sati, dodajući špinat tijekom zadnjih 20 minuta. Bacite lovorov list. Posolite i popaprite.

Varivo od patlidžana, paprike i bamije

Probajte ovaj pikantni izbor povrća s pečenim kukuruznim kruhom s čilijem.

za 4 osobe

400g / 14oz limenke nasjeckane rajčice
250 ml juhe od povrća
1 veća mrkva, deblje narezana
1 tikvica, deblje narezana
1 mali patlidžan, oguljen i narezan na kockice (2,5 cm / 1 inč)
¾ zelene paprike, grubo nasjeckane
¾ crvene paprike, grubo nasjeckane
2 mlada luka, narezana na ploške
4 češnja češnjaka nasjeckana
225 g mladog luka ili ljutike
100g / 4oz bamije, oguljene i narezane
2-3 žličice punog zrna senfa
Tabasco umak, sol i svježe mljeveni crni papar po ukusu

Pomiješajte sve sastojke osim mladog luka ili ljutike, bamije, senfa, tabasco umaka, soli i papra u laganom kuhalu.

Poklopite i kuhajte na laganoj vatri 6 do 8 sati, dodajte mladi luk ili ljutiku zadnji sat i ocijedite bamiju zadnjih 30 minuta. Začinite senfom, tabasco umakom, soli i paprom.

Talijanski tortelini od povrća sa sirom

Za pripremu svježih tortelina potrebno je samo nekoliko minuta, a okus im je izvrstan s paprikom, gljivama i bosiljkom u umaku od rajčice.

za 4 osobe

400 g / 14 oz konzerviranih rajčica
400 ml juhe od povrća
75 g / 3 oz šampinjona, narezanih
1 zelena paprika narezana na ploške
1 glavica luka sitno nasjeckana
¼ žličice pimenta
1 žličica sušenog bosiljka
4 manje tikvice narezane na kockice
sol i svježe mljeveni crni papar po ukusu
Tortelini od krem sira od 250 g, kuhani, topli

Pomiješajte sve sastojke osim tikvica, soli, papra i tortelina u laganom kuhalu. Poklopite i kuhajte na najjačoj temperaturi 4-5 sati, dodajući tikvice tijekom zadnjih 30 minuta. Posolite i popaprite. Poslužite preko tortelina u plitkim zdjelicama.

Slanutak za Kolumbijca

Kukuruz šećerac, grašak i korjenasto povrće doprinose mješavini okusa, naglašenoj svježim cilantrom.

Za 8 porcija

2 konzerve nasjeckanih rajčica od 400 g / 14 oz
400 g / 14 oz konzerve slanutka, ocijeđenog i ispranog
375 ml juhe od povrća
120 ml suhog bijelog vina ili juhe od povrća
4 krumpira oguljena i narezana na kockice
4 mrkve narezane na deblje ploške
4 štapića celera, debelo narezana
2 kosana luka
100 g / 4 oz kukuruza šećerac, odmrznut ako je zamrznut
4 češnja češnjaka nasjeckana
2 lista lovora
1 žličica sušenog kima
¾ žličice sušenog origana
1½ žlice bijelog vinskog octa
100g / 4oz smrznutog graška, odmrznutog
25 g / 1 oz svježeg cilantra, nasjeckanog
sol i svježe mljeveni crni papar po ukusu

Pomiješajte sve sastojke osim graška, cilantra, soli i papra u loncu za sporo kuhanje od 5,5 litara. Poklopite i kuhajte na visokoj temperaturi 4-5 sati, dodajući grašak tijekom zadnjih 15 minuta. Dodajte korijander. Odbacite lovorov list. Posolite i popaprite.

Argentinsko povrće

Ova vegetarijanska verzija tradicionalnog jela ima mnogo slatko-kiselog okusa i slasnu voćnost svježih breskvi.

za 12 osoba

2 konzerve nasjeckanih rajčica od 400 g / 14 oz
450 ml / ¾ litre juhe od povrća
120 ml suhog bijelog vina (po želji)
500 g / 18 oz krumpira, oguljenog i narezanog na kockice
500g / 18oz slatkog krumpira ili tikvice, oguljene i narezane na kockice
4 glavice crvenog luka, grubo nasjeckane
1 velika zelena paprika, nasjeckana
5 režnjeva češnjaka nasjeckanih
2 žlice smeđeg šećera
2 žlice bijelog vinskog octa
2 lista lovora
1 žličica sušenog origana
6 škara za kukuruz, svaka izrezana na komade od 4 cm / 1½
450 g / 1 funta tikvica, debelo narezanih
6 manjih breskvi oguljenih i prepolovljenih
sol i svježe mljeveni crni papar po ukusu

Pomiješajte sve sastojke osim kukuruza, tikvica, breskvi, soli i papra u loncu za sporo kuhanje od 5,5 litara. Poklopite i kuhajte na laganoj vatri 6 do 8 sati, dodajući kukuruz, tikvice i breskve tijekom zadnjih 20 minuta. Odbacite lovorov list. Posolite i popaprite.

Varivo od makarona i graha

Ovo tradicionalno jelo križanac je juhe i variva: gusto je, bogato i ukusno.

za 6

400g / 14oz limenke cannellini graha, ocijeđenog i ispranog
400 g / 14 oz limenke talijanske rajčice šljive, nasjeckane
450 ml / ¾ litre juhe od povrća
1 velika mrkva, narezana na ploške
1 veliki štapić celera, narezan na ploške
2 kosana luka
1 protisnuti češanj češnjaka
½ žličice sušenog origana
½ žličice sušenog bosiljka
75 g / 3 oz kuhanih makarona, kuhanih
sol i svježe mljeveni crni papar po ukusu
svježe naribani parmezan

Pomiješajte sve sastojke osim makarona, soli, papra i sira u laganom kuhalu. Poklopite i kuhajte na jakoj vatri 4-5 sati, a zadnjih 15 minuta dodajte makarone. Posolite i popaprite. Prijeđite preko parmezana za posipanje.

Slanutak s pečenom paprikom i kremastom palentom

Upotrijebite pripremljeni umak od rajčice i pečenu crvenu papriku iz limenke kako biste slanutku dali brzi okus. Palenta za sporo kuhanje također se može koristiti u ovom receptu.

za 4 osobe

400 g / 14 oz konzerve slanutka, ocijeđenog i ispranog
400 g / 14 oz pripremljenog umaka od rajčice
400 g / 14 oz konzerviranih rajčica
200g/7oz pečene crvene paprike iz limenke, ocijeđene i nasjeckane
1 kosani luk
1 protisnuti češanj češnjaka
1 žličica sušenog talijanskog začina
1 tikvica narezana na kockice
sol i svježe mljeveni crni papar po ukusu
25 g / 1 oz svježe ribanog parmezana
palentu za mikrovalnu

Pomiješajte sve sastojke osim tikvica, soli, papra, sira i palente u mikrovalnoj pećnici u laganom kuhalu. Poklopite i kuhajte na jakoj vatri 2-3 sata, dodajući tikvice tijekom zadnjih 30 minuta. Posolite i popaprite. U palentu u mikrovalnoj pećnici dodajte parmezan. Poslužite složenac preko palente iz mikrovalne pećnice.

Ratatouille s masnim aiolima

Grčki feta sir dodaje dobrodošlicu ovom mediteranskom gulašu.

za 4 osobe

2 konzerve nasjeckanih rajčica od 400 g / 14 oz
1 patlidžan narezan na kockice
2 sitno nasjeckana luka
1 žuta paprika, narezana na ploške
3 češnja češnjaka nasjeckana
2 žličice suhih talijanskih začina
2 manje tikvice prepolovite i narežite na tanke ploške
sol i svježe mljeveni crni papar po ukusu
Feta Alioli (vidi dolje)

Pomiješajte sve sastojke osim tikvica, sol, papar i feta aioli u laganom kuhalu. Poklopite i kuhajte na najjačoj temperaturi 4-5 sati, dodajući tikvice tijekom zadnjih 30 minuta. Posolite i popaprite. Poslužite s feta aioli.

feta sir aioli

Feta sir dodaje slasnu slanu oporost ovom aioliju.

za 4 osobe

25 g/1 oz feta sira, izmrvljenog
50 ml majoneze
2-3 češnja češnjaka nasjeckana

Sve sastojke izmiksajte u procesoru hrane ili blenderu dok ne postanu glatki.

Bamija s curryjem i kukuruz šećerac s kus-kusom

Poslužite ovo začinjeno povrće s izborom priloga kako biste dodali naglaske okusu.

za 4 osobe

250 ml juhe od povrća
225 g / 8 oz bamije, podrezani vrhovi
100 g / 4 oz kukuruza šećerac, odmrznut ako je zamrznut
75 g / 3 oz šampinjona, narezanih
2 kosana luka
2 narezane mrkve
2 rajčice, nasjeckane
1 protisnuti češanj češnjaka
1½ žličice curry praha
100 g / 4 oz kus-kusa
sol i svježe mljeveni crni papar po ukusu
dodaci: prirodni jogurt, grožđice, nasjeckani krastavac, kikiriki i nasjeckana rajčica

Pomiješajte sve sastojke osim kus-kusa, soli i papra u laganom kuhalu. Poklopite i kuhajte na visokoj temperaturi 4 do 5 sati. Dodajte kus-kus i ugasite vatru. Pokrijte i ostavite stajati 5 do 10 minuta. Posolite i popaprite. Poslužite s dodacima.

povrće tagine

U marokanskoj kuhinji tagini se tradicionalno pripremaju u glinenim posudama, koje se nazivaju i tagini, s kus-kusom kuhanim na pari u tavi. Verzija za sporo kuhanje zadržava sav okus povrća. Kuskus posebno skuhajte i držite na toplom do posluživanja.

za 6

2 konzerve nasjeckanih rajčica od 400 g / 14 oz
400 g / 14 oz konzerve slanutka, ocijeđenog i ispranog
120 ml juhe od povrća ili soka od naranče
200 g / 7 oz graha, narezanog na kratke komade
175 g / 6 oz butternut ili tikve od žira, nasjeckane
150 g repe ili pastrnjaka, nasjeckanog
175 g / 6 oz suhih šljiva bez koštica, nasjeckanih
1 kosani luk
1 narezana mrkva
1 celer, narezan na ploške
1–2 cm / ½ – ¾ u komadićima svježeg korijena đumbira, sitno naribanog
1 protisnuti češanj češnjaka
1 štapić cimeta
2 žličice paprike

2 žličice mljevenog kumina
2 žličice mljevenog korijandera
40 g / 1½ oz malih crnih maslina bez koštica
sol i svježe mljeveni crni papar po ukusu
225 g / 8 oz kuskusa, kuhanog, vrućeg

Pomiješajte sve sastojke, osim crnih maslina, soli, papra i kuskusa, u loncu za lagano kuhanje od 5,5 litara/9½ pinte. Poklopite i kuhajte na visokoj temperaturi 4-5 sati, dodajući masline tijekom zadnjih 30 minuta. Posolite i popaprite. Poslužite uz kus-kus.

Španjolski tofu

Ukusno jelo koje spaja boje i okuse Mediterana. Također bi dobro funkcionirao s Quornom.

za 4 osobe

400g / 14oz limenke nasjeckane rajčice
175 ml juhe od povrća
275 g / 10 oz čvrstog tofua, narezanog na kockice (2,5 cm / 1 inča)
2 kosana luka
1 tikvica, narezana na kockice
100g / 4oz gljiva
1 velika mrkva, narezana na ploške
1 protisnuti češanj češnjaka
1 traka narančine kore
½ žličice suhe majčine dušice
½ žličice sušenog origana
2 žlice kukuruznog brašna
50 ml / 2 tečne oz vode
sol i svježe mljeveni crni papar po ukusu

75 g kus-kusa ili riže, kuhane, vruće

Pomiješajte sve sastojke osim kukuruznog brašna, vode, soli, papra i kus-kusa ili riže u laganom kuhalu. Poklopite i kuhajte na laganoj vatri 6 do 7 sati. Dodajte pomiješano kukuruzno brašno i vodu, miješajte 2-3 minute. Posolite i popaprite. Poslužite uz kuskus ili rižu.

Miješano povrće sa kus-kusom

Ovo omiljeno marokansko jelo prepuno je pikantnih okusa i zelenila.

za 12 osoba

3 konzerve slanutka od 400 g / 14 oz, ocijeđene i isprane
450–750 ml / ¾ – 1¼ litre temeljca od povrća
1 mali kupus, izrezan na 12 kriški
1 veći patlidžan narezan na kockice
225 g / 8 oz mrkve, narezane na ploške
225 g malih krumpira, narezanih na kockice
225 g repe, narezane na kockice
225 g / 8 oz graha, narezanog na kratke komade
225 g / 8 oz butternut tikve ili butternut tikve, oguljene i narezane na kockice
4 rajčice, narezane na četvrtine
3 kosana luka
3 češnja češnjaka nasjeckana
2 žličice mljevenog cimeta
1 žličica paprike

½ žličice mljevenog đumbira

½ žličice mljevene kurkume

275 g / 10 oz srca artičoke u konzervi, ocijeđena, narezana na četvrtine

75 g / 3 oz grožđica

25 g / 1 oz nasjeckanog peršina

sol i kajenski papar po ukusu

450 g / 1 funta kus-kusa, kuhanog, vrućeg

Pomiješajte grah, juhu, svježe povrće, češnjak i začine u loncu za sporo kuhanje od 5,5 litara. Poklopite i kuhajte na laganoj vatri 5-7 sati, zadnjih 30 minuta dodajte srca artičoke, grožđice i peršin. Začinite solju i kajenskim paprom. Poslužite uz kus-kus.

Afrički gulaš od slatkog krumpira

Pikantna pasta od češnjaka začini ovo varivo od slanutka, slatkog krumpira i bamije.

za 6

2,400 g / 14 oz konzerve slanutka, ocijeđenog i ispranog
2 konzerve nasjeckanih rajčica od 400 g / 14 oz
375 ml juhe od povrća
700 g / 1½ lb slatkog krumpira, oguljenog i narezanog na kockice
2 glavice luka narezane na tanke ploške
Pasta od začina od češnjaka (vidi dolje)
175g / 6oz bamije, oguljene i narezane na kratke komade
sol i svježe mljeveni crni papar po ukusu
Tabasco umak, po ukusu
175 g / 6 oz kuskusa, kuhanog, vrućeg

Pomiješajte sve sastojke osim bamije, soli, papra, tabasco umaka i kus-kusa u loncu za sporo kuhanje od 5,5 litara. Pokrijte i kuhajte na visokoj temperaturi 4-5 sati, dodajući bamiju tijekom zadnjih 45 minuta. Začinite solju, paprom i tabasco umakom. Poslužite uz kus-kus.

začinska pasta od češnjaka

Korisna pasta za začinjavanje variva, posebno vegetarijanskih.

za 6

6 češnjeva češnjaka
2 x 5 mm / ¼ narezanog svježeg korijena đumbira
2 žličice paprike
2 žličice kumina
½ žličice mljevenog cimeta
1-2 žlice maslinovog ulja

Sve sastojke izmiksajte u procesoru hrane ili blenderu dok ne postanu glatki. Ili zgnječite češnjak i sitno naribajte đumbir pa ga zgnječite s ostalim sastojcima da dobijete pastu.

povrće stroganoff

Toplo jelo za hladne zimske noći. Po želji jedan od krumpira zamijenite repom, pastrnjaka ili repom.

za 6

375 ml juhe od povrća
225 g / 8 oz gljiva, prepolovljenih
3 glavice luka narezane na tanke ploške
2 brašnasta krumpira oguljena i narezana na kockice
2 slatka krumpira, oguljena i narezana na kockice
1 žlica suhog senfa u prahu
1 žlica šećera
100g / 4oz smrznutog graška, odmrznutog
250 ml / 8 fl oz kiselog vrhnja
2 žlice kukuruznog brašna
sol i svježe mljeveni crni papar po ukusu

275 g / 10 oz tagliatelle, kuhane, vruće

Pomiješajte sve sastojke osim graška, kiselog vrhnja, kukuruznog brašna, soli, papra i rezanaca u sporom kuhalu od 5,5 litara / 9½ pinta. Poklopite i kuhajte na laganoj vatri 6 do 8 sati, dodajući grašak tijekom zadnjih 30 minuta. Dodati sjedinjeno vrhnje i kukuruznu krupicu, miješati 2 do 3 minute. Posolite i popaprite. Poslužite preko rezanaca.

Ragu od kupusa s kraljevskim pire krumpirom

Izraženi aromatični naglasci svježeg komorača, svježeg đumbira i jabuke čine ovo varivo od kupusa i patlidžana posebno ukusnim.

za 6

550 g / 1¼ lb patlidžana, narezanog na kockice (2,5 cm / 1 inča)
450 ml / ¾ litre juhe od povrća
900 g / 2 lb kupusa, tanko narezanog
2 kosana luka
½ lukovice komorača ili 1 celera, tanko narezanog
3 velika režnja češnjaka, nasjeckana
2,5 cm / 1 komad svježeg korijena đumbira, sitno naribanog
1 žličica zdrobljenih sjemenki komorača

2 jabuke za jelo, oguljene i grubo nasjeckane
250 ml / 8 fl oz kiselog vrhnja
2 žlice kukuruznog brašna
sol i svježe mljeveni crni papar po ukusu
kraljevski pire krumpir

Pomiješajte sastojke osim jabuka, kiselog vrhnja, kukuruznog brašna, soli, papra i kraljevskog moširanog krumpira u loncu za sporo kuhanje od 5,5 litara. Poklopite i kuhajte na laganoj vatri 6 do 8 sati, dodajući jabuke tijekom zadnjih 20 minuta. Pojačajte vatru i kuhajte 10 minuta. Dodati sjedinjeno vrhnje i kukuruznu krupicu, miješati 2 do 3 minute. Posolite i popaprite. Poslužite preko pravog pire krumpira u plitkim zdjelicama.

Gulaš od bundeve i krumpira

Ovaj gulaš bi bio odličan i sa špinatom umjesto rezanaca.

za 6

400 g / 14 oz konzerviranih rajčica, nasjeckanih
250 ml juhe od povrća
120 ml / 4 fl oz suhog bijelog vina ili juhe od ekstra povrća
500g / 18oz butternut tikve, oguljene i narezane na kockice
500 g / 18 oz brašnastih krumpira, oguljenih i narezanih na kockice
1½ crvene paprike, narezane na kockice
1½ zelene paprike, narezane na kockice
2 glavice luka, grubo nasjeckane
1 protisnuti češanj češnjaka
1-2 žličice sjemenki kumina, lagano zdrobljenih

3 žlice paprike

250 ml / 8 fl oz kiselog vrhnja

2 žlice kukuruznog brašna

sol i svježe mljeveni crni papar po ukusu

275 g / 10 oz širokih rezanaca, kuhanih, vrućih

Pomiješajte sve sastojke osim paprike, kiselog vrhnja, kukuruznog brašna, soli, papra i rezanaca u loncu za sporo kuhanje od 5,5 litara. Poklopite i kuhajte na laganoj vatri 6 do 8 sati. Dodati papriku i sjediniti kiselo vrhnje i kukuruznu krupicu, miješati 2 do 3 minute. Posolite i popaprite. Poslužite preko rezanaca.

Javorova zobena kaša V

Neka se doručak priprema dok spavate - ovo je najbolji doručak ikada!

Za 4 do 6 porcija

100g/4oz zobi s glavom igle
1 litra / 1¾ pinte vode
175 g/6 oz javorovog sirupa,
75 g / 3 oz orašastih plodova, nasjeckanih
20 g / ¾ oz maslaca ili margarina
½ žličice soli

Pomiješajte sve sastojke u sporom kuhalu. Poklopite i kuhajte na laganoj vatri 6 do 8 sati.

Višezrnate žitarice za doručak

Žitarice za doručak pune energetskih sastojaka za pripremu za sljedeći dan.

Za 4 do 6 porcija

50 g/2 oz zobi
25 g/1 oz zobenih pahuljica
25 g / 1 oz pšeničnih bobica
1 litra / 1¾ pinte vode
175 g/6 oz javorovog sirupa,
75 g / 3 oz orašastih plodova, nasjeckanih
20 g / ¾ oz maslaca ili margarina
½ žličice soli
40 g prosa ili kvinoje

Pomiješajte sve sastojke osim prosa ili kvinoje u laganom kuhalu. Poklopite i kuhajte na laganoj vatri 6 do 8 sati. Tostirajte proso ili kvinoju u maloj tavi na srednje jakoj vatri i umiješajte u sporo kuhalo. Poklopite i kuhajte na laganoj vatri još 1 sat.

gusta kaša od jabuka

Izvrstan za posluživanje topao ili hladan, kao prilog mesu, divljači ili masnijoj ribi ili kao preljev za kolače s pudingom.

za 6

1,5 kg / 3 lb jabuke za jelo, oguljene i grubo nasjeckane
150 ml / ¼ litre vode
100 g / 4 oz granuliranog šećera
mljeveni cimet

Pomiješajte sve sastojke osim cimeta u sporom kuhalu. Pokrijte i kuhajte na jakoj vatri dok jabuke ne omekšaju i ne stvore umak kada miješate, 2 do 2 1/2 sata. Pospite cimetom i poslužite.

Artičoke s lažnim holandskim umakom

Mock hollandaise umak također je dobar za posluživanje uz šparoge, brokulu ili cvjetaču.

za 4 osobe

4 cijele male artičoke, uklonjene peteljke
1 limun narezan na četvrtine
175 ml / 6 tečnih oz vode
Lažni holandski umak (vidi dolje)

Odrežite 1 inč vrhova artičoka i bacite ih. Iscijedite krišku limuna preko svake artičoke i stavite ih u sporo kuhalo. Dodajte 2,5 cm/1 vode u sporo kuhalo. Poklopite i kuhajte na najjačoj temperaturi dok artičoke ne omekšaju (donji listovi se lako odvajaju), 3½ do 4 sata. Izvadite artičoke i pokrijte ih aluminijskom folijom da ostanu tople. Odlijte vodu u sporom kuhalu. Pripremite mock hollandaise i poslužite s artičokama za umakanje.

Simulirani holandski umak

To se može učiniti i na radnoj ploči. Kuhajte sastojke u maloj tavi na srednjoj vatri, miješajući dok ne postane glatko.

za 4 osobe

175 g / 6 oz mekog sira, na sobnoj temperaturi
75 ml / 2½ fl oz kiselog vrhnja
3-4 žlice obranog mlijeka
1-2 žličice soka od limuna
½ – 1 žličica dijon senfa
prstohvat mljevene kurkume (po želji)

Stavite sve sastojke u sporo kuhalo. Pokrijte i kuhajte na jakoj vatri dok se sir ne rastopi i smjesa ne postane vruća, oko 10 minuta, miješajući jednom ili dvaput da se izmiješa.

Talijanske šparoge i bijeli grah

Izdašan prilog za posluživanje uz pečeno ili prženo meso.

Za 8 porcija

400g / 14oz limenke cannellini graha, ocijeđenog i ispranog
175 ml juhe od povrća
400 g rajčice šljive, nasjeckane
1 velika mrkva, nasjeckana
1 žličica sušenog ružmarina
450 g / 1 lb šparoga, narezanih (5 cm / 2 inča)
sol i svježe mljeveni crni papar
225 g tankih špageta ili linguina, kuhanih, vrućih
25–50 g / 1–2 oz svježe ribanog parmezana

Pomiješajte grah, juhu, rajčice, mrkvu i ružmarin u laganom kuhalu. Poklopite i kuhajte na jakoj vatri dok mrkva ne omekša, oko 3 sata, dodajući šparoge tijekom zadnjih 30 minuta. Posolite i popaprite. Pomiješajte s linguinom i sirom.

Grah na grčki način

Svježi grah kuha se s rajčicama, začinskim biljem i češnjakom.

Poslužuje se od 8 do 10

450 g / 1 funta graha
2 konzerve nasjeckanih rajčica od 400 g / 14 oz
1 kosani luk
4 češnja češnjaka nasjeckana
¾ žličice sušenog origana
¾ žličice sušenog bosiljka
sol i svježe mljeveni crni papar

Pomiješajte sve sastojke osim soli i papra u laganoj posudi. Poklopite i kuhajte na jakoj vatri dok grah ne omekša, oko 4 sata. Posolite i popaprite.

Orijentalni francuski grah

Fantastično jelo za posluživanje uz meso ili perad.

za 4 osobe

275 g / 10 oz mahunarki, prepolovljenih
½ luka, nasjeckanog
¼ nasjeckane crvene paprike
2 cm/¾ u komadićima svježeg korijena đumbira, sitno naribanog
2 češnja češnjaka nasjeckana
120 ml / 4 fl oz vode
150 g / 5 oz konzerviranog crnog ili aduki graha, ocijeđenog
50 g / 2 oz narezanih vodenih kestena
1 žlica rižinog vinskog octa
1-2 žličice tamarija
sol i svježe mljeveni crni papar

Pomiješajte grah, luk, papriku, đumbir, češnjak i vodu u laganom kuhalu. Poklopite i kuhajte na jakoj vatri dok grah ne omekša, oko 1 1/2 sat. Prazan. Dodajte ostale sastojke osim soli i papra. Poklopite i kuhajte na najjačoj temperaturi 30 minuta. Posolite i popaprite.

Francuski varivo od graha

Svježi sastojci čine ovaj stari favorit mogućim na zdraviji način.

za 6

300 g / 11 oz limenke krem juhe od gljiva
120 ml kiselog vrhnja
50 ml / 2 fl oz obranog mlijeka
275 g/10 oz smrznutog narezanog francuskog graha, odmrznutog
sol i svježe mljeveni crni papar
½ šalice konzerviranog prženog luka

Spojite juhu, kiselo vrhnje i mlijeko u laganom kuhalu. Dodajte mahune. Poklopite i kuhajte na laganoj vatri 4 do 6 sati. Posolite i popaprite. Luk dodajte neposredno prije posluživanja.

Vrhunski zeleni grah

Luksuzna varijacija prethodnog recepta.

za 6

75g/3oz smeđih šampinjona, narezanih na ploške
1 žlica maslaca ili maslinovog ulja
2 mlada luka narezana na tanke ploške
300 g / 11 oz limenke krem juhe od gljiva
120 ml kiselog vrhnja
50 ml / 2 fl oz obranog mlijeka
275 g/10 oz smrznutog narezanog francuskog graha, odmrznutog
sol i svježe mljeveni crni papar
4 kriške hrskave kuhane slanine, izmrvljene

Gljive pirjajte na maslacu ili maslinovom ulju dok ne omekšaju. Pomiješajte gljive, luk, juhu, kiselo vrhnje i mlijeko u laganom kuhalu. Dodajte mahune. Poklopite i kuhajte na laganoj vatri 4 do 6 sati. Posolite i popaprite. Slaninu dodajte neposredno prije posluživanja.

Pečeni grah Santa Fe

Ovi zapečeni grah su ljuti, slatki i ljuti. Promijenite količinu čilija za željenu razinu ljutine!

Za 8 porcija

2 kosana luka
½ poblano papričice ili drugog blagog čilija ili male zelene papričice, sitno nasjeckane
½ – 1 serrano ili jalapeño papričica, sitno nasjeckana
2 konzerve pinto graha od 400 g / 14 oz, ocijeđene i isprane
100 g / 4 oz kukuruza šećerac, odmrznut ako je zamrznut
6 osušenih rajčica (ne u ulju), omekšanih i narezanih na ploške
2-3 žlice meda
½ žličice mljevenog kumina
½ žličice suhe majčine dušice
3 lista lovora
sol i svježe mljeveni crni papar po ukusu
50g / 2oz feta sira, izmrvljenog
15 g / ½ oz svježeg korijandera, sitno nasjeckanog

Pomiješajte sve sastojke osim soli, papra, sira i cilantra u laganom kuhalu. Posolite i popaprite. Poklopite i kuhajte na laganoj vatri 5 do 6 sati, posipajući sirom i svježim cilantrom zadnjih 30 minuta.

toskanska pita od graha

Cannellini s mirisom limuna začinjeni su sušenim rajčicama, češnjakom i začinskim biljem u ovom jednostavnom kolaču.

za 6

3 limenke cannellini graha od 400 g / 14 oz
250 ml juhe od povrća
1 kosani luk
½ nasjeckane crvene paprike
2 češnja češnjaka nasjeckana
1 žličica sušene kadulje
1 žličica sušenog ružmarina
2-3 žličice limunove kore
6 osušenih rajčica (ne u ulju), omekšanih i narezanih na ploške
sol i svježe mljeveni crni papar po ukusu

Pomiješajte sve sastojke osim soli i papra u laganoj posudi. Poklopite i kuhajte na laganoj vatri dok se grah ne zgusne, 5 do 6 sati. Posolite i popaprite.

Brazilsko pečenje od crnog graha

Brazilski praznični okusi spajaju se u ovo neodoljivo jelo.

za 12 osoba

4 kosana luka
1 do 2 žlice sitno nasjeckanog jalapeña ili druge blago ljute čili papričice
2,5–5 cm / 1–2 komada svježeg korijena đumbira, sitno naribanog
4 konzerve crnog graha od 400 g / 14 oz, ocijeđenog i ispranog
2 konzerve nasjeckanih rajčica od 400 g / 14 oz
175 g / 6 oz meda
100 g / 4 oz svijetlo smeđeg šećera
¾ žličice suhe majčine dušice
¾ žličice mljevenog kumina
sol i svježe mljeveni crni papar po ukusu
½ manga, narezanog na kriške
½ banane, narezane na kriške

Pomiješajte sve sastojke osim soli, papra, manga i banane u laganom kuhalu. Posolite i popaprite. Poklopite i kuhajte na laganoj vatri dok se grah ne zgusne, 5 do 6 sati. Prije posluživanja pospite mangom i bananom.

Zapečeni grah s đumbirom

Polagano kuhanje dodaje dobro ovom posebnom slatko začinjenom jelu od đumbira i graha.

Za 2 do 4 porcije

3 kosana luka
5-7,5 cm / 2-3 svježeg đumbira, sitno nasjeckanog
3-4 češnja češnjaka nasjeckana
4400 g / 14 oz limenke cannellini graha, ocijeđene i isprane
100 g / 4 oz svijetlo smeđeg šećera
175 g / 6 oz pripremljenog umaka od rajčice
175 g zlatnog sirupa
1 žličica suhog senfa u prahu
1 žličica mljevenog đumbira
1 žličica suhe majčine dušice
¼ žličice mljevenog cimeta
¼ žličice mljevene pimente

2 lista lovora

svježe mljeveni crni papar, po ukusu

50 g / 2 oz medenjaka, grubo zdrobljenog

Pomiješajte sve sastojke osim papra i mrvica đumbira u laganom kuhalu. Začinite po želji paprom. Poklopite i kuhajte na laganoj vatri dok se ne zgusne, oko 6 sati, miješajući u mrvice đumbira zadnji sat. Odbacite lovorov list.

Dijon repa

Senf se nevjerojatno dobro slaže sa zemljastim okusom cikle. Također možete isprobati različite senfove, poput senfa od hrena, senfa od cijelog zrna ili meda.

za 4 osobe

1 funta / 450 g cikle, oguljene i narezane na kockice (1 cm / ½ inča)
1 manja glavica luka sitno nasjeckana
2 češnja češnjaka nasjeckana
75 ml / 2½ fl oz kiselog vrhnja
1 žlica kukuruznog brašna
2 žlice Dijon senfa
2-3 žličice soka od limuna
sol i bijeli papar po ukusu

U laganom kuhalu pomiješajte ciklu, luk, češnjak i kiselo vrhnje. Poklopite i kuhajte na jakoj vatri dok cikla ne omekša, oko 2 sata. Dodajte pomiješane kukuruzno brašno, senf i limunov sok, miješajte 2 do 3 minute. Posolite i popaprite.

Cikla s medom

Cvekla se lako guli ako se kuha s ljuskom; samo isperite hladnom vodom i koža se može ukloniti. Zatim ih ponovno skuhajte u slatko-kiselu smjesu s orašastim plodovima i suhim voćem.

za 6

700 g / 1½ lb srednje velike cikle, neoguljene
450 ml / ¾ litre vruće vode
½ crvenog luka, vrlo sitno nasjeckanog
2 češnja češnjaka nasjeckana
40 g / 1½ oz ribiza ili grožđica
3-4 žlice prženih oraha
75 g / 3 oz meda
2-3 žlice crnog vinskog octa
1 žlica maslaca
sol i svježe mljeveni crni papar po ukusu

Pomiješajte ciklu i vodu u laganom kuhalu. Poklopite i kuhajte na jakoj vatri dok cikla ne omekša, 2 do 2 1/2 sata. Prazan. Ogulite ciklu i narežite je na kockice veličine 2 cm/¾. Pomiješajte ciklu i ostale sastojke, osim soli i papra, u laganom kuhalu. Poklopite i kuhajte na najjačoj temperaturi 20 do 30 minuta. Posolite i popaprite.

Prokulice i mladi luk glazirati šećerom

U ovom jednostavnom jelu s prokulicama odlično se slaže mali ukiseljeni luk. Za brzo guljenje, prvo blanširajte luk u kipućoj vodi 1 minutu.

Za 4 do 6 porcija

225g / 8oz malih prokulica, prepolovljenih ako su velike
225 g mladog luka
375 ml / 13 fl oz tople vode
15 g / ½ oz maslaca
50 g / 2 oz granuliranog šećera
sol i bijeli papar po ukusu

Pomiješajte prokulice, luk i vodu u laganom kuhalu. Poklopite i kuhajte na jakoj vatri dok ne omekša, oko 2 sata. Prazan. Dodajte maslac i šećer. Poklopiti i kuhati na jakoj vatri dok ne postakne, oko 10 minuta. Posolite i popaprite.

Pirjani kupus u vinu

Aromatični anis i sjemenke kima, uz hrskavu kuhanu slaninu, kupusu daju dimenziju okusa.

Za 4 do 6 porcija

1 bijeli kupus tanko narezan
2 sitno nasjeckana luka
½ nasjeckane zelene paprike
3 češnja češnjaka nasjeckana
½ žličice kumina, zgnječenog
½ žličice zdrobljenih sjemenki anisa
50 ml juhe od povrća
50 ml / 2 fl oz suhog bijelog vina
2 komadića slanine, narezane na kockice, kuhane dok ne postanu hrskave, ocijeđene
sol i svježe mljeveni crni papar po ukusu

Pomiješajte sve sastojke osim slanine, soli i papra u laganom kuhalu. Poklopite i kuhajte na jakoj vatri dok kupus ne omekša, 3 do 4 sata. Dodajte slaninu. Posolite i popaprite.

kajmak od kupusa

Dobar prilog uz nedjeljno pečenje, posebno svinjsko, ali i vegetarijansko pekan pečenje.

Za 4 do 6 porcija

1 bijeli kupus tanko narezan
2 sitno nasjeckana luka
½ nasjeckane zelene paprike
3 češnja češnjaka nasjeckana
½ žličice kumina, zgnječenog
½ žličice zdrobljenih sjemenki anisa
50 ml juhe od povrća
50 ml / 2 fl oz suhog bijelog vina
120 ml kiselog vrhnja
1 žlica kukuruznog brašna
sol i svježe mljeveni crni papar po ukusu

Pomiješajte sve sastojke osim kiselog vrhnja, kukuruzne krupice, soli i papra u laganom kuhalu. Poklopite i kuhajte na jakoj vatri dok kupus ne omekša, 3 do 4 sata. Dodati sjedinjeno kiselo vrhnje i kukuruznu krupicu. Poklopite i kuhajte na laganoj vatri 5 do 10 minuta. Posolite i popaprite.

Pire od mrkve s đumbirom

Ovaj tradicionalni francuski pire od povrća možete jednostavno pripremiti u sporom kuhalu. Intenzivnog je okusa i baršunaste teksture.

Poslužuje se od 6 do 8

900 g / 2 lb mrkve, narezane na ploške
350 g / 12 oz brašnastih krumpira, oguljenih i narezanih na kockice
250 ml / 8 tečnih oz vode
15–25 g / ½ – 1 oz maslaca ili margarina
50–120 ml / 2–4 fl oz obranog mlijeka, toplo
½ žličice mljevenog đumbira
sol i svježe mljeveni crni papar po ukusu

Pomiješajte mrkvu, krumpir i vodu u laganom kuhalu. Poklopite i kuhajte na jakoj vatri dok povrće ne omekša, oko 3 sata. Dobro ocijediti. Obradite mrkvu i krumpir u multipraktiku ili blenderu dok ne postane glatko. Vratiti u sporo kuhalo. Kuhajte na jakoj vatri, bez poklopca, dok smjesa ne postane vrlo gusta, oko 30 minuta, povremeno miješajući. U smjesu umiješajte maslac ili margarin i dovoljno mlijeka da dobijete kremastu smjesu. Dodajte mljeveni đumbir. Posolite i popaprite.

Pire od cvjetače i komorača

Cvjetaču ćete najlakše pripremiti tako da je razdijelite na male cvjetiće.

Poslužuje se od 6 do 8

900 g / 2 lb cvjetače, narezane na ploške
350 g / 12 oz brašnastih krumpira, oguljenih i narezanih na kockice
250 ml / 8 tečnih oz vode
15–25 g / ½ – 1 oz maslaca ili margarina
50–120 ml / 2–4 fl oz obranog mlijeka, toplo
1–1½ žličice zdrobljenih sjemenki kumina ili komorača
sol i svježe mljeveni crni papar po ukusu

Pomiješajte cvjetaču, krumpir i vodu u laganom kuhalu. Poklopite i kuhajte na jakoj vatri dok povrće ne omekša, oko 3 sata. Dobro ocijediti. Cvjetaču i krumpir izmiksajte u multipraktiku ili blenderu dok ne postanu glatki. Vratiti u sporo kuhalo. Kuhajte na jakoj vatri, bez poklopca, dok smjesa ne postane vrlo gusta, oko 30 minuta, povremeno miješajući. U smjesu umiješajte maslac ili margarin i dovoljno mlijeka da dobijete kremastu smjesu. Dodajte sjemenke komorača ili kumina. Posolite i popaprite.

www.ingramcontent.com/pod-product-compliance
Lightning Source LLC
Chambersburg PA
CBHW070413120526
44590CB00014B/1376